江苏海事职业技术学院
JIANGSU MARITIME INSTITUTE

灿著星辰

海员训练班起义学员寻访实录

愚 木 ◎ 著

哈尔滨工程大学出版社
Harbin Engineering University Press

图书在版编目（CIP）数据

灿若星辰 ：海员训练班起义学员寻访实录 / 愚木著
－－ 哈尔滨 ：哈尔滨工程大学出版社，2021.9
　ISBN 978-7-5661-3225-3

　Ⅰ．①灿… Ⅱ．①愚… Ⅲ．①海上运输－史料－中国
－现代 Ⅳ．① F552.9

中国版本图书馆 CIP 数据核字（2021）第 166343 号

灿若星辰——海员训练班起义学员寻访实录
CANRUO XINGCHEN——HAIYUAN XUNLIANBAN QIYI XUEYUAN XUNFANG SHILU

选题策划	史大伟　薛　力
责任编辑	张　彦　李　暖
封面设计	李海波

出版发行	哈尔滨工程大学出版社
社　　址	哈尔滨市南岗区南通大街 145 号
邮政编码	150001
发行电话	0451-82519328
传　　真	0451-82519699
经　　销	新华书店
印　　刷	哈尔滨市石桥印务有限公司
开　　本	787 mm×1 092 mm　1/16
插　　页	8
印　　张	10.5
字　　数	155 千字
版　　次	2021 年 9 月第 1 版
印　　次	2021 年 9 月第 1 次印刷
定　　价	58.00 元

http://www.hrbeupress.com
E-mail:heupress@hrbeu.edu.cn

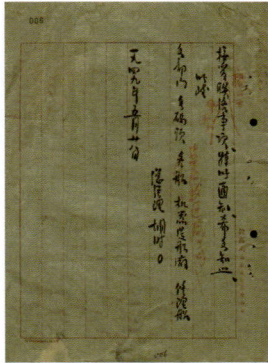

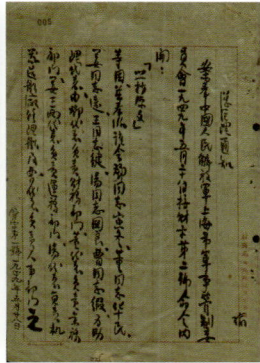

招商局总公司经理胡时渊转发上海市军管会通知（董华民负责业务部门）

领导起义护产斗争人员：邹裕国、董华民、
陈天俊、杨再新（从左至右）

董华民（前排中）与香港招商局起义人员合影

董华民在香港招商局办公室

董华民（前排左1）与黄慕宗（前排左3）等招
商局策划起义人员合影

起义船长朱颂才、王俊山、蔡良、杨惟诚、
金鸿兴（从左至右）在香港浅水湾酒店

"鸿章"轮船长蔡良（左）与二副林树伟（右）

"民 302"轮起义船员和家属

杨惟诚起义证明书

武才福任"海汉"轮实习生通知书

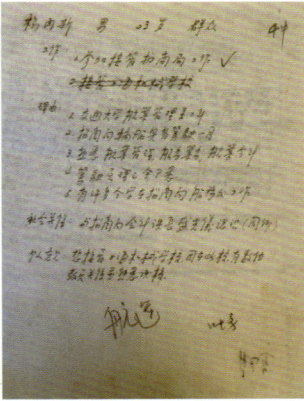

董华民助手杨再新参加接管
招商局工作自荐材料

招商局返沪观光团
证明书信封

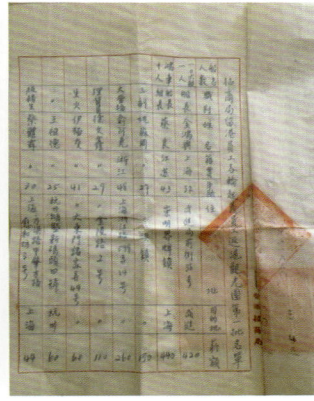

起义船员第一批
返沪观光团名单

"民302"轮首次复航纪念（左4谷源松）

被派往起义船的10名联络员回到广州（前排左起：黄元信、浦宝康、李明川、马煜、张炳华、卓东明；后排左起：徐择言、袁明钊、曹振鹄、程小川。穆云（女）为人事科长）

3

轮机部船员在"永灏"轮上过春节（前排右 5 为陈国华，后排右 4 为卓东明）

董华民签发对起义轮船的管理及人员安排通知

招商局起义船员赴海员训练班学习名单

董华民携女在海员训练班门前

海员训练班第一期开学典礼合影

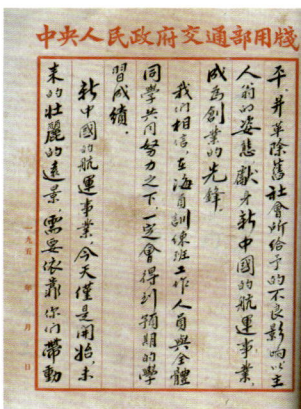

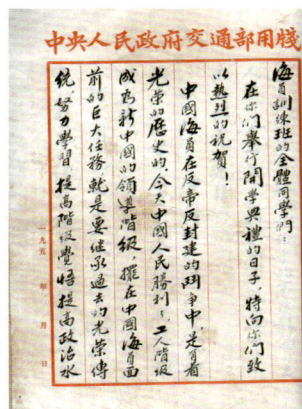

交通部部长章伯钧贺信

海员训练班第一大队第九小组学员合影（后排左1谷源松，后排右2姚淼周）

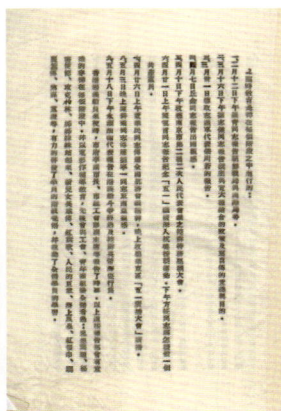

海员训练班《中国革命基本问题》讲授提纲，安排"永灏"轮起义船员做护船斗争报告

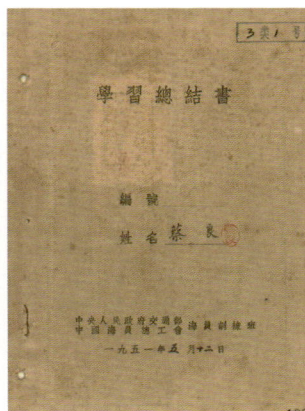

蔡良海员训练班学习总结书

学员在中山陵（左1谷源松、左4姚淼周）

海员训练班一队篮排球队（后排左3陈宏泽、左4林树伟、后排右2王日新、右3陆大洲）

海员训练班一队三组学员合影

学员在海员训练班

学员在明孝陵

学员在灵谷寺

海员训练班第一、第二届学习纪念章

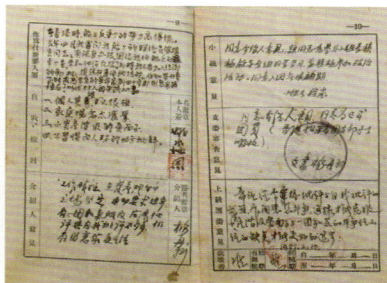

姚淼周海员训练班入团评议

姚淼周（后排右4）与中波公司波兰船员合影

姚淼周烈士证书

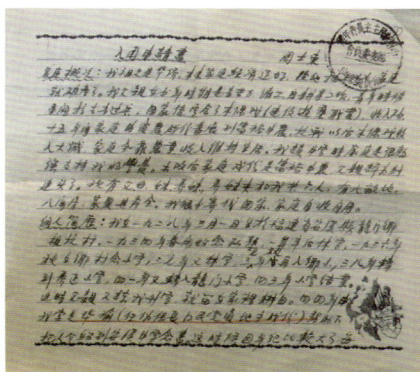

周士栋海员训练班入团申请书

周士栋船员证书

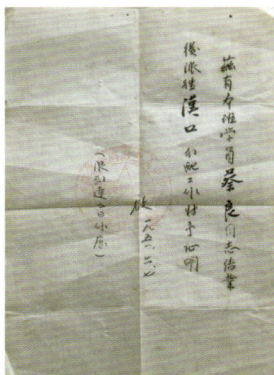

蔡良结业后派往汉口的
工作证明

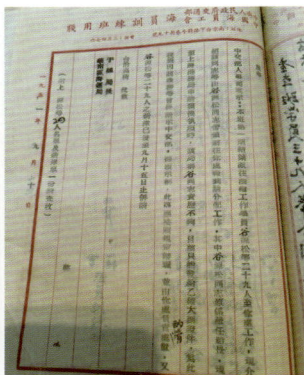

海员训练班派谷源松等 29 人
前往华南区海运局的工作函

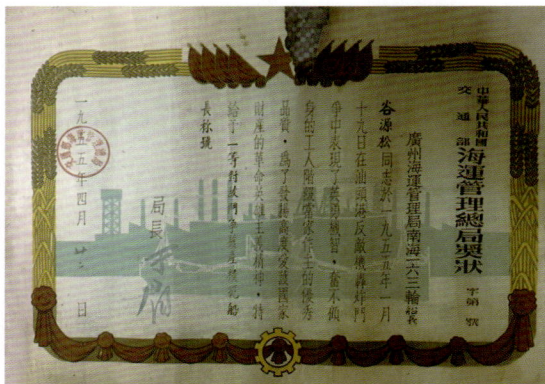

海运管理总局颁发谷源松的模范船长奖状

谷源松（前排中）"163"轮对敌斗争护产胜利慰问给奖大会

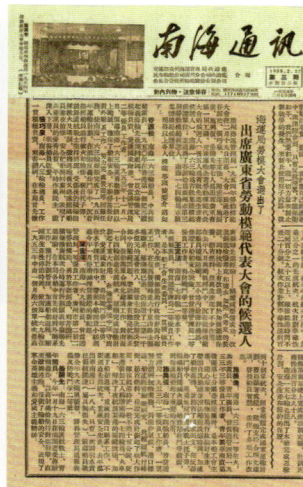

谷源松（红圈者）出席全国交通先进生产者代表会议，其间受到毛泽东、刘少奇、朱德、周恩来、邓小平等党和国家领导人的接见

《南海通讯》
（报头为董华民手笔）

"南海169"轮全体船员（左1船长陈宏泽）

1961年4月28日，"光华"轮在黄埔港举行首航仪式

拜访董华民之子董海波夫妇

作者采访"中102"艇起义船员刘维杰

拜访"海辽"号三副张慕忠老人

作者与"永灏"轮联络员卓东明老人

作者采访"成功"轮起义船员武才福

看望谷源松儿媳陈草女士（中）

作者与费新安之女费志佳、王俊山之女王振明、蔡良之子蔡振权

采访席凤仪之子席振洲

作者与"邓铿"轮船长刘维英之女刘紫菊

作者与罗秉球之子罗武陵

采访张文豪之子张宇绰夫妇

与蔡良后人蔡衡（左２）、蔡群（左３）、蔡振烨（右２）

作者陪同董华民之子董海波回访海员
训练班旧址

蔡良之子蔡振烨、孙女蔡薇在海员
训练班旧址

席凤仪之子席振洲夫妇、蔡良之子蔡振烨出席海员训练班
开班70周年纪念珍贵资料图片展

序

胡　弦

　　常言道：君子之交淡如水。

　　与愚木的交往恰是如此，我做编辑快二十年了，似乎从未发过他作品。有时见他作品入了"年选"之类的选本，恍然觉得应该向他约下稿才对，但一见面又忘了。虽然同是写作者，也偶尔会在一些诗歌活动上遇到，但我们属于那种见面不谈诗的朋友，聚会，要么啜茶扯些"山海经"，要么把酒言欢。愚木为人低调，就像他的诗一样，一直处在低音区，不显山不露水。有一段时间，愚木总在行走，上京津、下广深、去巴蜀、往浙沪，足迹踏遍东西南北，一路寻访……不知不觉，整理出一本厚厚的实录文章。我想，愚木是适合写实录的，正如他为人的踏实可信，其文取的是质朴一路，气格独出，有沉着之象，读来让人欣喜。

　　朴厚则易诚，所以，愚木也适合于人们的遗忘处和时间的长河深处去钩沉历史。白驹过隙，百年一瞬，多少人和事变得模糊，并渐渐消逝。只有有心有力者，方能在反顾时间时检校人事，萃取精华，让那些灿若星辰的名字和光辉往事，闪烁在历史的尘埃里，甚而定格在历史的天空中，无限靠近永恒。七十年前，在中国共产党的领导下，"海辽"号首举义旗，冲破重重封锁，义无反顾地投身人民的怀抱，从而，带动了香港招商局及其滞留香港的13条海轮船员起义。而正是他们，构成了新中国航运发展的中间力量，抒写了一曲可歌可泣的新中国的华彩乐章。对于这段历史，愚木正是能为之作传的人，他爬梳校史，在取得史实的基础上，以其手中凝重而又不乏性灵的笔，让我们再次探身已消逝的时空，唤醒沉睡的记忆，让一段珍贵的历史拂去尘埃，鲜活地展现在我们面前，并让我们的灵魂深处再起波澜。

与以往介绍招商局船员起义的书籍不同，愚木选取了海员训练班为独特视角，充分挖掘招商局船员起义回国后的经历和轨迹。愚木为此沉心静气，埋头于浩如烟尘的历史档案记录中，寻找湮灭的线索，有时，为了一个线索，契而不舍地追寻，甚至三下广州和深圳。这些秉性正是愚木具备和擅长的，也是我最为熟知的。可以这么说，愚木的成功正基于此。

通读这本书，不仅可以感受到寻访过程的艰难和辛苦，同时，也能看出愚木的工作是扎实高效的，掌握的历史资料丰富和翔实。依据这些真实的第一手资料，愚木的研究是细致和认真的，取得了丰硕的成果，不少研究成果是突破性和颠覆性的。根据研究和发现，愚木从而提出"海员训练班是招商局起义的历史传承和延续，更是新中国航运业发展的发轫与开端"这一开创性的论点。

这应该是一本可读性的书籍，也是具有一定历史研究价值和意义的有关招商局起义船员的书籍。可以说，它把招商局起义的历史进行了延续。而这一点，则有待社会的广泛研究和认可。为此，愚木还在路上，还在进行不懈的努力。

胡弦：诗人、散文家，著有诗集《阵雨》《沙漏》《空楼梯》、散文集《永远无法返乡的人》《蔬菜江湖》等。曾获诗刊社"新世纪十佳青年诗人"称号，《诗刊》《星星》《作品》《芳草》等杂志年度诗歌奖，花地文学榜年度诗歌奖金奖，柔刚诗歌奖，十月文学奖，鲁迅文学奖等。现居南京市，江苏省作家协会副主席，中国诗歌学会副会长，《扬子江诗刊》主编。

目　录

上　篇　寻访之路

下　篇　发现之旅

上 篇　寻 访 之 路

精神源于平凡　　留给世人永存

——题记

驻招商局军代表董华民

1949年4月，上海市军事管制委员会航运处在江苏丹阳地区召开会议，专门制定接管国营招商局的具体方案，并成立了以邓寅冬为党委书记、于眉为招商局总军代表的临时党委。董华民任党委委员（分管业务处），其他党委委员有姜远（分管船务处）、马骏（分管人事处）、李宁（分管中国油轮公司）、王瑞丰（分管航政局）。除7位党委委员外，还有团级副总军代表王监、韩克辛、曹锻，营级军代表刘延穆、李益民、冯攀启，上述6人也参加了党委扩大会议。

5月27日上海解放，28日，陈毅、粟裕签署了《中国人民解放军上海市军事管制委员会布告（第二号）》，正式委派于眉、邓寅冬为总军代表进驻国营招商局，负责接管工作。在黄慕宗等人建议下，局党委与局军管会积极策划香港招商局起义。1950年1月15日，香港招商局和停留在香港的"海厦"轮、"邓铿"轮等13艘海轮宣布起义。1950年1月20日，中国人民解放军接管上海招商局的总代表于眉在向华东局财委主任曾山请示报告后，经局党委和局军管会研究决定，派局党委委员董华民赴香港领导香港招商局起义的护产斗争。

　　1950年1月25日，董华民与原上海招商局（总公司）副总经理黄慕宗、船长周崇善、轮机长应芝芳、杨再新等人一行抵达广州，受到中共中央华南分局书记叶剑英的接见。离别前，叶剑英叮嘱董华民：香港政治环境、社会环境复杂，处处、事事都要提高警惕，注意统战工作，依靠船员和职员群众，加强团结，有事可以和香港海员工会的党组织联系。2月5日，董华民抵达香港，在港期间，董华民牢记叶剑英的叮嘱，积极开展统战工作，团结一切可以团结的力量，紧紧依靠进步船员，领导香港招商局起义护产斗争，最终于1950年10月顺利将起义船舶全部驶回祖国。

　　1951年1月，除"海汉"轮和已移交的"中106"艇，11艘轮船的起义船员，奉中央人民政府之命调往南京海员训练班学习，董华民随任海员训练班主任。

　　在计划寻访董华民家人之前，我上网收集了大量的有关董华民领导香港招商局起义的文章，其中，一篇董华民之子写的《董华民——深入虎穴领导起义》的回忆文章引起了我的关注。据我所知，1956年至1962年，董华民曾在天津工作，任天津港局长，而这篇回忆文章正发表在《天津港湾》上，作者署名"海波"。据此，我猜测董华民的家人有可能在天津！

战争年代的董华民

　　这篇文章成为我此次寻访的重要线索，至此开启了寻找董华民家人的寻访之旅。我立刻找来天津远洋运输公司、中远海运天津分公司以及天津港集团的电话，一家一家地打听，当拨打到天津港集团的时候，接线员为我提供了《天津港湾》的电话。电话拨通后，接线的编辑回答道："巧了，我就是8年前编辑这篇文章的责任编辑。"我很激动，立刻向他打听作者的下落，编辑说，这篇文章是一位叫"王剑"的文史爱好者提供的，并且提供了王剑的电话。我又把电话打给王剑，王剑告诉我，那篇文章是他从招商局集团的《招商》月刊上看到的。招商局集团总部在香港，至此，线索断了，我亢奋的心情陡然跌落谷底……

　　王剑在天津港集团工作，业余时间对航运发展相关史料颇有研究，并且收藏了大量珍贵的历史照片和实物。在了解了我的意图后，他告诉我，董华民有个女儿。我请他帮忙打听一下董华民女儿的联系方式，王剑欣然应诺。过了一会儿，王剑告诉我："刚才问了一下，不是他女儿，是儿媳。"但由于年代久远，已经想不起叫什么名字了，只知道在交通部[1]档案馆工作，王剑建议我找交通部联系。我又将电话打给了交通部档案馆，请他们帮忙查一下董华民家人的相关信息。

　　过了几天，王剑告诉我："董华民之子董海波可能是在招商局集团（以下简称招商局）退休的，董海波夫人不是在那里工作，而是在招商局博物馆，在深圳。"我马上给招商局博物馆打去电话，打听董海波夫人的下落，由于不知道董海波夫人的姓名，招商局博物馆的工作人员告诉我无从下手帮我查找（招商局博物馆的樊馆长认识董海波，这是我后来去招商局博物馆查阅档案资料时获知的）。至此，线索再一次中断……

　　于是，我再次上网搜索有关董华民儿子董海波的情况，获得了董海波曾任招商局蛇口工业区控股股份有限公司董事、深圳招商局蛇口工业区工会联合会主席、招商局蛇口工业区控股股份有限公司党委副书记、纪委书记等信息，由此，我确定董海波应该在深圳。

　　我再次上网查找到了招商局蛇口工业区控股股份有限公司总机，拨通电话后总机接线员要我提供所联系人的姓名，我向接线员说明情况，希望她能将我的电话接到公司的办公室或宣传部门，接线员告诉我，公司规定，提供不了联系人姓名，总机无法接入。无论我如何沟通也无济于事。

　　我开始求助校友！我打电话给在中远海运（广州）有限公司、中远海运特种运输股份有限公司、广东省海事局工作的校友，说明了我目前的工作和意图，并将我所掌握的信息提供给他们，希望他们能帮我查找董华民之子董海波，校友欣然答应了我的请求。

---

[1]　现交通运输部。

等待的时间是漫长的，我的内心也饱受煎熬。在漫长的等待中，我一边梳理着手中的线索和脑海里的思路，一边上网继续搜索，希望从中获得新的有价值的信息，可是一无所获。此时，校友帮助查找已成了我唯一的"救命稻草"！

校友查找工作在马不停蹄地进行中，一条条消息不断地反馈过来。"没有找到董海波这个人""退休人员里找不到""系统中查不到退休人员的电话"……我告诉校友：肯定有这个人，董海波2002—2009年当过招商局蛇口工业区控股股份有限公司党委副书记、纪委书记和工会主席，并表明我要想方设法找到他的决心！校友答应我再去广东省海员工会问问。"退休时间太久了，问了两个都不认识，我再问问"……校友还在努力中，查找失败的信息不断传来，我的信心和满腔热忱也在逐渐消磨殆尽。

董海波在海员训练班旧址留影

正当我即将要放弃的时候，校友查找董海波的事情取得了突破性进展。几天的沉默之后，我的手机突然"滴、滴、滴"地响了起来，微信上校友的头像不停地闪烁，一行期盼已久的信息映入眼帘：单位电话、住宅电话、手机。

苍天不负有心人，董海波先生，我终于找到了你！

得到了董海波的联系方式后，我抑制不住兴奋，立刻依次拨打单位电话、住宅电话和手机号码与他联系。前两个号码都呼叫失败，第三个号码，拨通了无人接听。这是唯一可以与董海波取得联系的方式了！我连续地拨打，始终无人接听，此时，我心里充满了疑惑和失望。我将这个情况反馈给校友，校友猜测："是不是出国了？"并建议我给他发个短信。于是，我给董海波发去短信，自报了我的姓名和工作单位，同时表明了我联系他的意图。不久，董海波给我回了电话！

　　原来陌生人的电话他一般是不接的，这是后来和董海波先生见面时，他当面告诉我的，那一刻，我们相视一笑，双手紧紧地握在了一起。

　　2020年10月30日，董海波夫妇受学校邀请，回到了他父亲董华民七十年前工作过的学校。

"民302" 轮开路先锋船长谷源松

在学校档案室查阅资料时，我发现一份签发于1951年9月10日的海员训练班文件，文件内容是："兹奉中交部人事司电示：本班第一期结业派往油轮工作学员谷源松等二十九人至你处工作，现介绍该同志等由谷源松同志带领前往你处报到请分配工作，其中谷源松同志原系派任船长，现至上海港务局申请调换执照时，该局称谷同志资历不够，目前只能发给乙种大副证件，为此我班因该职务等曾经请示中交部，据复示称，此事应按照规定办理，并由你处负责酌情处置。又谷源松等二十九人之薪津已发至九月十五日止併（并）请台洽为荷。"该文件是发给当时的海运总局于眉局长和华南区海运管理局的，文件曾附有一份29人的海员训练班学员名单，但由于年代久远，已经遗失。

这是一份为数不多的、写有海员训练班学员名字的文件，这份29人的名单对于一直想在海员训练班寻找起义船员身影的我来说，显得尤为珍贵。因此，文件中提到的"谷源松"以及这份名单引起了我强烈的兴趣。1951年，新中国刚成立不久，交通部在北京召开第二届全国航务会议。会议明确了机构设置按照海、河分管，体现专业化精神，撤销航务总局，分设海运总局、河运总局、航道工程总局三个互相独立的机构，另增设船舶登记局。海运方面设置北洋、华东、华南三个区海运管理局，河运方面除已有的长江区航运管理局外，另设了黑龙江、珠江航运管理局，同时，将东北航务总局撤销，划归交通部领导。而这29名海员训练班学员正是被派往当时的华南区海运管理局的。

随着历史的变迁和交通部机构的调整，华南区海运管理局早已不复存在了。于是，我开始从文件中提到的"谷源松"入手，上网查找相关资料。这一查不得了，随着收集的资料越来越多，谷源松的形象也逐渐丰满了起来。谷源松是招商局13条起义海船之一、"民302"轮的船长，他不仅是当时在香港"思豪酒店"秘密宣布起义声明上签名的船长之一，而且还是招商局13条起义海船率先驾船回归祖国的船长。根据他的事迹，中央人民政府交通部授予"民302"轮"开路先锋船"的称号，谷源松也被授予"英雄船长"荣誉称号。

谷源松从海员训练班结业分配到华南区海运管理局之后，1955年1月19日，他作为船长驾驶着"南海163"轮，在一次遭遇4架敌机轮番轰炸的情况下，率领全体船员以顽强的意志和不怕牺牲的精神，与敌人殊死搏斗，创下了商船用少量的轻武器打中一架敌机的战绩。为此，受到交通部和中

交通部授予谷源松"英雄船长"荣誉称号

国海员工会联合通报表扬，授予"南海163"轮奖旗一面，发放奖金一万元，谷源松个人获得"特等功臣"荣誉称号。交通部海运管理总局还授予谷源松"一等对敌斗争护产模范船长"的称号，"南海163"轮更是被称为"英雄船"。谷源松还先后当选为第一、第二、第三届全国人大代表，1956年出席

全国交通先进生产者代表会议，作为主席团成员，受到毛泽东等国家领导人的接见和慰问。1957年，《中国青年》第四期刊登了介绍他事迹的文章——《谷船长》。

谷源松，不正是我要寻找的海员训练班优秀学员的典型人物代表吗？鉴于谷源松已于1986年去世了，因此寻找谷源松的家人便提上了我的日程。

在深圳招商局博物馆的网站上，我找到一篇《"英雄船长"谷源松后人参观"香港招商局船员起义"图片展》的新闻。或许招商局博物馆保留了谷源松后人的联系方式。于是，我给招商局博物馆的朱女士留言："想麻烦你打听一下，贵馆有没有一名叫谷源松的起义船长家人的联系方式？"过了一会儿，朱女士询问了领导后告诉我：没有谷船长家人的联系方式。

谷源松当时工作的华南区海运管理局，也就是后来的海运管理局广州分局，早已在1983年与中国远洋运输公司合并组建成了中远海运（广州）有限公司。为了保证万无一失，我在向中远海运（广州）有限公司打听的同时，还向广州校友会的杨新标秘书长以及帮助我找到董华民家人的陈赞敏校友求助。多管齐下，寻找谷源松的家人。

我首先致电中远海运（广州）有限公司总经理办公室，接电话的是综合科的一位姓王的讲解员，我告诉她近期我将去公司查阅档案资料，同时，希望她帮我打听一下，谷源松的家人是否在广州？王女士很客气地答应我："先问问看，明天回复你。"于是，我将手中掌握的有关谷源松的资料发给了她，并向她表达了谢意。

第二天一大早，王女士就发来了信息告诉我，她向公司一位姓谢的主任打听了，谢主任说，家属大多在广州，但是却没有他们的联系方式。"这个还得辗转多问几个部门，现在要问社保中心。但社保中心领导外出了，有消息会第一时间回复你。"王女士安慰道。

广州校友会杨秘书长那边，除了委托了中远海运特种运输股份有限公司陈少林帮忙打听外，还请了中远海运（广州）有限公司离退休中心的张书记帮忙查找。张书记在社保中心的系统中查询后告知：查不到英雄船长的相关信息。杨秘书长似乎感到了我内心的一丝失落，又发来了海员网上的一篇《"英雄船长"谷源松》的文章。"这是2017年发表的，应该是最新的。"他建议我试着与海员网联系。"好的，那感谢你了，让你费心了。""举手之劳啊，没帮到你，不好意思。"秘书长微笑着说。

随后，我便上了海员网，加了网站管理员的QQ，并向网站管理员打听谷源松家人的联系方式。当得到网站否定的答复后，我的内心变得"拔凉拔凉的"。

此时，中远海运（广州）有限公司王女士的查询也有了最终结果："老师，问了很多人，都没有谷源松的联系方式，很遗憾！"经多方努力，仍未获得英雄船长家人的信息，我内心默默祈祷：期待他日柳暗花明！

至此，在我求助的四个人中，已有三人以失败告终。唯一的希望还是落在了广东省海事局任职的陈赞敏校友身上！计划前往广州的时间逐渐临近，我内心期盼的此次广州之行能够见到谷源松家人的愿望也愈加强烈。我忍不住给陈赞敏校友发去了信息。陈赞敏很快回话了：上周六就托人找了，还没找到，还在继续找。

时间一点点流逝，正在我马上要失去信心的时候，校友传来了消息：谷船长的两个儿子虽已逝世，但其孙在广州（无联系方式）。谷船长的儿媳陈草，电话号码××，老人家现居江西，已七十多岁。

我立刻拿起手机，拨通了陈草老人的电话。听筒里传来了温和的声音，此时此刻，我的内心涌动一股暖流，眼眶慢慢变得湿润……

2020年10月23日，我们踏上了广州之旅，此行的目的是与海员训练班第一期学员、英雄船长谷源松之孙谷宏庆见面。临行前，我给谷宏庆打了电话，告诉他我在广州的日程安排，也询问了他家的地址。到了广州，原本与谷宏庆约好了第二天上午前往他家，可是谷宏庆临时有事，他电话告诉我，他以前一个老板，临时安排给他一个工作，他没法推掉。我后来才知道，谷宏庆一直没有工作，平时只是靠打打零工维持家用，主要工作是帮写字楼打扫卫生、饭店清洁和洗盘子，这次是一个经常安排他零工的老板。我表示理解，于是我们相约下午面谈。

谷宏庆家住在广州市荔湾区，下午3点我们准时在小区门口见了面，谷宏庆是1968年生人，已经五十多岁了，我们提出去他家里看看，他面露难色，告诉我们，为了生活，家人不得不在外奔波，无暇收拾，房间比较凌乱，而且他还养了条狗，见到陌生人会不停地吠叫。我们表示不介意。于是，他带领我们来到他家，刚一进门，小狗就不停地叫。谷宏庆赶忙将它赶到了阳台。乘着这个间隙，我们打量了一下，客厅不大，茶几和椅子上都堆了杂物，卧室也随意摆放着衣物，看来主人确实无暇收拾。

我们提出想看看谷源松船长的遗物，谷宏庆从卧室里拿出一本相册，他告诉我们，他爷爷的物品都是他母亲保管的，母亲平时包扎好放在床下的箱子里。知道我们要来，他前两天就把一些实物翻出来放在桌子上了，我们来时，那些实物又不知道放哪儿了，只有这一本相册。

谷源松一家在广州

我们打开相册，一张张泛黄的照片记录着主人曾经的岁月，这是一个幸福的家庭。谷源松有两个儿子，一个儿子过早地夭折，另一个儿子去世后，儿媳陈草带着谷源松的三个孙子共同生活。相册里除了当船长时期，谷船长与家人在各地的合影外，还有由董华民签名留言赠予谷源松的照片、从青岛转济南去海员训练班学习在济南大明湖的照片、在海员训练班开学典礼时大门口的合影，以及学习期间在中山陵、校园里的照片。一共11张，我提出学校希望能将这11张照片珍藏的想法，谷宏庆表示很愿意。

我们准备对谷宏庆进行访谈，此时阳台的狗还在不停地吠叫，我们临时决定改换访谈的地点。我们找了一个离小区不远的饭馆，这个时间段，饭馆的客人不多，我们在一个僻静的位置，开始了对谷源松孙子谷宏庆的访谈。

谷宏庆告诉我们，当年船长的工资是很高的，而他爷爷平时生活却很简朴，唯一的爱好是喜欢喝咖啡，当年物资比较紧缺，爷爷每次都会让谷宏庆去外汇商店替他买一些咖啡回家喝。谷源松家里原来有几间解放前盖的瓦房，单位每次准备给他分配房子，他都婉言谢绝了，他总是说，家里有房子，够住就可以了。直到爷爷快去世，谷宏庆一家才住上单位分的楼房。

谷宏庆和我们聊到他爷爷参加招商局船员起义的事，他告诉我们，那时候，珠江口外经常有国民党军舰游弋，从香港驾船返回广州充满危险，但他的爷爷谷源松依然驾船返回广州。

在结束访谈之前，我们告诉谷宏庆，2021年是学校七十年周年校庆，请他对爷爷的母校说几句，谷宏庆望着摄像头，表达了自己的祝贺。

"中106"艇二副陆俊超

在学校档案室有一封1955年5月7日交通部海运总局人事科关于陆俊超工作调动的函，"中国海员干部学校抄中波海运公司：现调你校技术教员陆俊超至中波海运公司工作。致敬礼。"信函的左下空白处有当时学校办公室王克庸写的一段文字说明：一、四月中旬，邱科长向本校长提出拟调陆去中波，当时陆不愿去，经中波公司政治处侯主任动员后，陆才同意服从分配。二、本年（笔者注：应为本月）六日，陆又来学校，并拿出中波公司给他的私人信，叫他仍回本校工作。三、现在又接海总来信，调中波，究应如何处理。此外，2020年9月，我去任老校长家拜访时，在任老校长提供的一份学校历任教职工名单中发现了陆俊超的名字。陆俊超曾任职过学校的技术教员，那么，他是否在海员训练班学习过？

陆俊超是抗战胜利后进入招商局轮船公司的，1949年7月，他被调到"中106"艇任二副，年仅22岁。为了躲避国民党军队征用"中106"艇去拉兵差，他配合船长以修船为由将船开进香港，之后，他们又多次找理由拖延，拒绝将船开往台湾。1950年2月27日夜晚，国民党特务机关趁起义船员在"海厦"轮上欢度春节之际，密谋武装劫持董华民，迫使"海厦"轮开往台湾。

陆俊超受董华民委派，从广州出发，当天仅带领五名进步船员乔装成香港人，顺利混过英国海关，进入香港，组成工人纠察队，配合"海厦"轮船长王俊山组织护产斗争。之后，国民党特务计划劫持"邓铿"轮。"邓铿"轮的船长刘维英新婚不久，住在香港一家公寓里，他又受刘维英船长之托，与大副夏文丞一起，成为护产斗争的核心力量。在香港招商局起义中，陆俊超作为一名坚定的起义船员，积极配合董华民领导起义工作，成为起义骨干。之后，他先被派往中波海运公司工作，1955年，又奉调去上海海运局工作，32岁时升任船长一职。

9月，我查找了学校历届校友名录中海员训练班学员的名单，并没有发现陆俊超的名字，在中远海运（上海）有限公司的文书档案中，也未获得陆俊超的相关信息。1951年6月15日，中国与波兰合作组建了新中国第一家中外航运企业——中波海运公司（现中波轮船股份公司），陆俊超等七八十名起义船员被派往该公司船上任职，而他在起义后到去中波海运公司任职之前，正与海员训练班第一期培训时间相吻合，这期间陆俊超是否在海员训练班学习，一直是个谜，而这一疑问终于在招商局博物馆找到了答案。一个多月后，我去深圳招商局博物馆查阅档案，发现了招商局起义船员赴南京学习名单，上面赫然写着"邓铿"轮二副：陆俊超！

从这份名单可以看出，起义回国后，陆俊超随第一批起义船员赴南京海员训练班学习。后来，我在中远海运（上海）有限公司找到了陆俊超的人事档案，从人事档案中可以看出，海员训练班结业后，陆俊超去了刚刚成立的中波海运公司。1953年10月4日和1954年4月27日，中波海运公司分别发生了台湾当局对起义船员进行抓捕的"布拉卡"轮和"哥德瓦尔德"轮劫持事件。这一期间，陆俊超任职中波海运公司"歌德华达"轮代理大副。一次，

陆俊超在招商局赴南京学习船员名单上

"歌德华达"轮驶至台湾附近海面，国民党军舰强行将船劫到台湾港口，国民党手持黑名单登轮抓人，他们呼叫的第一个名字便是大副陆俊超！而陆俊超因妻子临产，请假从广州赶回了上海，这才逃过一劫。

之后，为了保护在中波海运公司工作的起义船员，陆俊超不得不下船，去了上海后备海员训练班（1955年10月更名为上海后备海员技术学校）学习。这一批离开中波海运公司去学习的除了陆俊超，还有林树伟、蒋季善、陆大洲等起义船员。学习结束后，陆俊超、林树伟、蒋季善到了中国海员干部学校任教员。关于陆俊超在中国海员干部学校工作及中波海运公司调动的情况，在中共上海市委组织部印制的《干部自传》中，陆俊超是这样描述的：1955年春，我被调赴南京海员干部学校任教员，工作了将近三月，中波海运公司决定让中国海员重返船上工作。当时，我出差在上海，中波海运公司政治处长和人事处同志决定调我回中波海运公司工作，但由于自己存在着严重的自满情绪，认为公司以往不加考虑地把我派去海训班（笔者注：上海后备海员训练班）学习，是不照顾一个同志的政治待遇，有损自己的威信，再回船工作没有面子，在船上难于展开工作，同时因为自己急于想修改写成的作品，认为岸上的工作条件比船上好，因此，以其他理由推诿，表示自己不愿长期在船上工作，希望公司在今后能调回岸上工作一个时期，或调沿海工作一个时期。1955年7月间，经申请，领导准予调到上海海运局工作，暂时被派去交通部供应局上海办事处工作。

陆俊超在繁忙的海运工作之余，笔耕不辍，1956年至1966年的10年间，先后创作了中篇小说《九级风暴》，长篇小说《幸福的港湾》和《海洋的主人》《惊涛骇浪万里行》《国际友谊号》等一批短篇小说，成为闻名中外的海洋作家，被中国作家协会吸收为会员。1959年，他以亲身经历为素材创作的《九级风暴》在《人民文学》连载后，被译成英、俄、日等国文字，在全球广为流传。20世纪70年代末，他创作的《大海在呼唤》被拍成电影，电影的主题歌《大海呀大海》风靡一时。这部电影，由著名表演艺术家于洋、路飞、梅兆华主演，剧情跌宕起伏，感人肺腑，给少年的我留下了深刻的印象。

陆俊超已于2017年去世，确定了他的海员训练班学员身份后，我便开始了寻找陆俊超家人的工作。

　　恰逢学校七十周年校庆启动仪式，上海另一位海洋作家，同时也是学校73届校友汪满明来校参加活动，我便向他打听陆俊超家人的情况。汪满明告诉我，上海著名作家童孟侯老师与陆俊超很熟，应该会有陆俊超家人的联系方式，汪满明让我等他消息。校庆启动仪式结束后，汪满明给我留言："陆老仙逝，他家电话××，上面是上海作家童孟侯的回复。祝访谈顺利！"我向汪满明道谢后，便开始拨打陆俊超家的电话。可是，电话拨过去后显示呼叫失败，多次拨打，依然是呼叫失败！我将信息反馈给汪满明后，没过多久，汪满明回复我："童老师也打过多次，不知道为什么。他只有这个联系方式，抱歉，没用上力！"

　　我向汪满明表达感谢之后，开始向上海本地的诗人朋友寻求帮助。作为著名的海洋作家，上海市作家协会应该有陆俊超的信息。于是，我给在上海的诗人晓华兄发去微信："晓华兄好，上海有一位海洋作家陆俊超，是招商局起义船员，2017年去世。我想请你向上海市作家协会打听他家人的联系方式，拜托！谢谢！"晓华很快回复了我："我去打听一下，联系后告诉你。"两天后，晓华兄告诉我："问了几个人，都没有结果，我又托我的老师去找以前的老作家打听，还没有回音，估计联系不上。"既然朋友打听不到，不如我直接联系。我找到上海市作家协会创作联络部，将电话打了过去，电话接通后，是一位女性工作人员。她问明了我的来意后，查了一下：有陆俊超的会员登记信息。当我向她询问地址、电话等信息时，她婉言拒绝了我："这些信息或许很老了，不一定准确，再者，陆俊超只是一名会员，上海市作家协会不是他的工作单位，我们不能提供。"她建议我去他的单位打听。

　　电话挂断后，我即刻与中远海运（上海）有限公司人事档案室联系。接电话的工作人员问明了我的意图后，答应帮我查一下。我知道，海员训练班的不少起义学员在培训结束后，都被派往了当时的华东区海运管理局工作，也就是后来的上海海运局。如果像陆俊超这样在上海海运局工作并离（退）

休的，他们的人事档案应该在原单位。于是，我又报出了王俊山、刘维英、费新安等人的名字，请她帮我一起查一下。很快，查询便有了结果：这几个人的人事档案都在，王俊山、刘维英属老干部处，费新安属离退休管理委员会。她建议我向这两个部门打听，并提供了电话。此时，已近下班时间，我记下了电话，暂时放弃连续追询查找。

第二天，忙完了手头上的工作后，我将电话拨到了中远海运（上海）有限公司老干部处，接电话的徐先生很热情，我自报了家门，他简短地了解了我的意图后，告诉我他可以查找。我将陆俊超、王俊山、刘维英、费新安的名字报给了他，同时也请他帮助查找一下起义船长沈达才的信息。和老干部处的徐先生结束通话后，我也着手计划前往重庆民生实业（集团）有限公司查阅档案的工作。

几天之后，等忙完了在重庆的相关工作，我再次拨通了中远海运（上海）有限公司老干部处的电话。接电话的徐先生给了我陆俊超家人杜大伟手机号码及住宅电话。他告诉我，在公司离退休系统中，查到了费新安，但没有留下联系方式，而其他几个人在系统里查不到。他分析了几种可能：一是他们改名，二是非本单位离退休人员。我告诉他，我已联系过公司人事档案室，他们的人事档案都在公司。徐先生答应我再从旧的资料里翻一翻，如果有消息马上联系我。我向徐先生表达谢意后，便挂了电话。

得到杜大伟的联系方式，我如获至宝，立马与杜大伟取得联系。电话接通后，对方的声音略显低沉，我向他表明了身份。"你找他们有什么目的吗？"他问。我便向他描述了陆俊超起义回国后在海员训练班学习以及结束培训之后的经历："明年是学校七十周年校庆，我们在编写校史并筹建海事教育博物馆，希望寻找这些起义学员的家人，挖掘他们的典型事迹和他们家人珍藏的珍贵历史文物。"他惊诧于我对陆俊超经历的了解，声音不再那么低沉，开始变得健谈起来。

不知不觉，半个小时过去了，杜大伟告诉我，陆俊超是他的姐夫。交谈即将结束前，他答应我，会向陆俊超夫人沈一英，也就是他的姐姐转达。

　　此时，已是仲秋时节（农历八月），大街上更显得清冷和萧瑟，过往行人也已套上了厚实的冬装。我给杜大伟发去一条信息：原计划近期前往上海拜访您及陆夫人，因目前新冠疫情肆虐，计划推迟。现已入冬，天气变得寒冷，请您和陆夫人及时添衣，保重身体！

"登禹"轮船长沈达才

　　1949年10月，"海辽"轮起义成功之后，香港招商局在中共香港地下党组织的筹划下，计划发动起义。12月29日，香港招商局代理经理汤传篯、副经理陈天骏召集滞留香港的13条海轮船长，在香港"思豪酒店"秘密集会，商讨起义事宜。会后，为表达起义的决心，除了"成功"轮船长徐汉卿和"邓铿"轮船长刘维英因其妻儿或父母在台湾，为免遭台湾当局迫害不方便签名外，其他各船船长都在起义声明上郑重地签了名。而沈达才作为"登禹"轮船长，也在名单中。

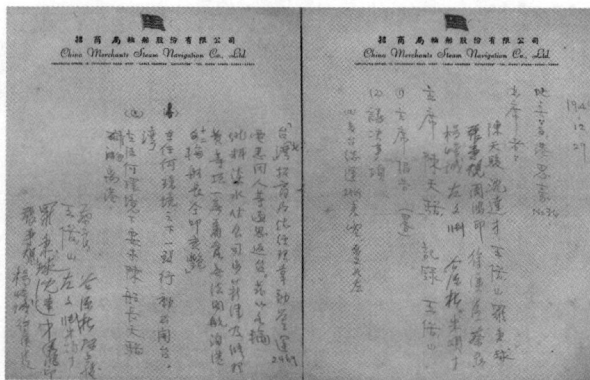

起义船长在"思豪酒店"起义声明中的签名

　　在上海市地方志办公室主办的《档案春秋》2014年第6期中，刊登了一篇沈永清写的回忆他祖父沈达才的文章——《沈达才："江亚轮"船长人生沉浮》，文章中提到"登禹"轮起义后，1950年5月，沈达才受交通部委派，出任停泊在新加坡宣布起义的"海玄"轮船长，并率相关船员赶赴新加坡，准备驾驶"海玄"轮驶回新中国。"海玄"轮是1950年1月24日在新加坡宣布起义的，船长薛邦祥因亲属在台湾，态度摇摆不定，后坚持将船驶回台湾，遭到起义船员的强烈反对，之后，薛邦祥因身体不适自动离职，改由大副杨训仪代理船长。沈达才坚信"海玄"轮起义是唯一正确的道路，他与台湾当局进行了不屈的斗争，受到上级机关的表扬。1955年初，沈达才率领去新加坡时的原班船员，驾驶"海玄"轮返回祖国，圆满完成委派任务。

1955年8月，沈达才在参加交通部海员训练班期间，努力学习航海航运业务。南京海员训练班是从1951年1月开始的，一共举办了4期，后来中央人民政府交通部发函，征得中国海员工会筹备委员会同意，对海员训练班进行改组，在此基础上成立中国海员干部学校。学校于1953年1月开班，一共办了两期。到了1956年5月，交通部海运管理总局下文通知学校正式更名为南京初级航海学校，至此学校由海员政治学校正式转变为海员专业技术学校。

沈永清在这篇回忆文章中提到，1955年8月，沈达才参加的交通部海员训练班。这个时间点，学校早已更名为中国海员干部学校。据我了解，这一时期，交通部也曾在其他地方，譬如上海，开办过海员训练班，而回忆文章中提到的这个海员训练班，是沈永清的笔误还是另有所指？只有找到沈永清，谜底才会揭开。

沈永清在回忆文章中写道：1955年11月至1962年，其祖父沈达才在上海海运局任"和平4号""建设9号"船长，始终工作在上海至大连的海运货运航线上，直到1962年7月退休。于是我又致电中远海运（上海）有限公司人事档案室和老干部处，请他们帮助查找，同时，我也在网上寻找线索，很快就有了新的发现。在《上海地方志》2013年第4期中，有一篇《沈达才其人其事》的文章，作者也是沈永清，文章的结尾还留下了作者的单位：上海市闵行区地方志办公室。

时间虽然已过去了多年，但这一线索，还是令我感到兴奋。此时，中远海运（上海）有限公司回复了我：没有找到沈达才家人的联系方式。于是，我找到上海市地方志办公室的电话拨过去，一位姓郭的工作人员接了电话，他问明了我的来意后，给了我沈永清的手机号码，于是，我给沈永清打去电话。电话通了，可是无人接听，多次拨打，依然如此。我猜测，可能是陌生号码的原因，于是，我给沈永清发去一条短信，自报家门，简单说明了七十年校庆、学校编写校史和筹建海事教育博物馆的情况，希望与他取得联系。信息发出几天，仍然没有回音，电话又试着拨了几次，还是没人接听。

我再次致电上海市地方志办公室的郭先生，向他反馈了情况，并且询问他是否还有沈永清其他的联系方式。郭先生告诉我只有这一个联系方式，并且向我提供了闵行区地方志办公室的电话，让我找一位姓孙的科长问问。于是，我把电话打到了闵行区地方志办公室综合科，接电话的正是孙科长。我向她介绍了我的工作单位以及寻找沈永清的意图，孙科长给了我一个同样的手机号码。我告诉她，我已通过上海市地方志办公室的郭先生打听到了这个电话，但是一直无人接听。孙科长听了很吃惊："我们一直用这个电话联系的，沈永清退休后一直在我们这里从事文史工作，由于疫情的原因，才很少来办公室。"我请她帮忙与沈永清联系一下，转告我在找他，她爽快地答应了。没过多久，孙科长的电话回了过来："沈永清的电话接通了，他就在电话机前，你可以与他联系。"于是，我再次给沈永清打去电话，直到电话断线，还是无人接听。我很疑惑，将情况反馈给了孙科长。"难道是电话接通没有铃声？不可能的，我刚刚和他联系过。"孙科长答应我再与沈永清联系一次。很快，孙科长的电话又打了过来，沈永清告诉她，我的电话和短信他都收到了。孙科长建议我再和沈永清电话沟通。

我向孙科长表示了感谢，并结束了和她的通话。看来，沈永清是在拒绝接听我的电话！或许是历史的原因抑或是隐藏在家属内心某种的疼痛，他不希望我们去打扰他的生活。初冬的萧瑟，让四周的空气透出阵阵寒气，夜晚来得很早，刚到了下班的时间，天很快就黑了下来，白天的阳光残留的一丝暖意渐渐被漆黑吞噬。我给沈永清再次短信留言：招商局起义的先辈，为新中国航运事业做出了不可磨灭的贡献，我们正在挖掘他们的事迹，寻访他们的家人。在我们不懈的努力下，已经找到了当时领导起义的董华民家人董海波，并邀请他回访了海员训练班旧址，同时，我们还找到了"民302"轮谷源松船长、"中106"艇陆俊超二副等起义船员的家人，以及刘维英船长、王俊山船长、费新安大副在上海的线索。目前我们正在寻找沈达才船长的家人，希望与您联系。但短信发出后依然没有回音……

我感到与沈达才船长家人的距离如此之近，近得仿佛只隔了一层薄薄的纸，而这层纸，却是那么牢固，难以捅破。细细思量，毕竟已是八十多岁的耄耋老人，或许七十多年前的往事早已封存在老人的内心深处，随着岁月的流逝，已经慢慢平复，而此时再次揭开，是否有点残忍？第二天，经过一系列的思想斗争，正当我准备放弃的时候，一个熟悉的电话打了进来，是他！"登禹"轮船长沈达才后人——沈永清。

此刻，一缕阳光从窗户外斜射进办公室，屋内渐渐变得温暖起来……

"海厦"轮大副陈宏泽

　　香港招商局起义之后，招商局上海总公司决定，从1950年11月1日起，起义归国的轮船暂时委托招商局广州分公司领导管理，起义船员在广州分公司任职，领导起义护产斗争的董华民也被任命为上海总公司驻穗代表，领导和协助广州分公司处理有关各海轮生产经营中的问题。之后，"中106"艇移交给了海军江防司令部，1950年12月底，除"海汉"轮和已移交的"中106"艇，11艘轮船的起义船员，奉中央人民政府之命调往南京海员训练班学习。

　　此次赴南京学习的船员分别是"海厦"轮34名、"登禹"轮32名、"海康"轮9名、"林森"轮19名、"教仁"轮21名、"邓铿"轮31名、"成功"轮24名、"蔡锷"轮28名、"鸿章"轮28名、"民302"轮7名和"平济"轮（即"民312"轮）12名，共计245名。他们于1950年12月23日上午，在招商局上海总公司的工会会议室报到，第一批140人于12月24日上午7时前搭乘"江明"轮，由蔡良领队，朱广生、夏文丞担任总务，剩余人员为第二批，于12月26日上午7时前搭乘"江泰"轮，由王俊山领队，费新安、刘汉玉任总务，两批赴南京学习的起义船员从招商局第三码头（金利源码头）出发，前往南京海员训练班。

陈宏泽在招商局赴南京学习船员名单中

　　这11艘轮船的起义船员赴南京学习名单中，有"民302"轮船长谷源松、"海厦"轮船长王俊山、"教仁"轮船长罗秉球、"邓铿"轮船长刘维英、"鸿章"轮船长蔡良五人，此外，"林森"轮船长杨惟诚和"成功"轮老船长张文豪虽然不在名单中，但也参加了海员训练班第二期的学习。"登禹"轮船长沈达才，因受交通部委派担任在新加坡起义的"海玄"轮船长，所以也没有在名单中，但他回国后，也到海员训练班学习。除了船长，还有一大批起义的高级船员也在海员训练班学习过，譬如，被称为"东方鲁滨逊"的沈祖挺、印度尼西亚接侨的"光华"轮船长陈宏泽、海洋作家陆俊超、"海运功臣"陈国华，以及出席1951年国庆大典的李村等人。新中国成立初期，南京海员训练班已成为海员教育与培训基地，为新中国的航运事业发展做出了重要贡献。

　　这份起义船员赴南京海员训练班学习的名单，是我在招商局博物馆查阅档案资料时获得的。陈宏泽作为"海厦"轮的代大副，也在赴南京学习名单中，而在陈宏泽的名字之后，有一行文字备注：二十三日到上海报到。当时，我认为陈宏泽在赴南京海员训练班学习前夕，因特殊需要，临时去了上海工作。后来，在对"广州赴宁学习海员报到须知"进行仔细的研究后，发现其实不然。起义船员是在上海招商局总公司报到集合的，而当时，船员起义回国后大多数人在广州分公司任职，有部分船员因休假或其他原因不在广州。对于在广州的船员则集中前往招商局上海总公司报到，因此，"报到须知"中的第四条规定了"由沪赴宁组织办法"。而对于不在广州的船员，则可以自行前往上海报到，譬如，谷源松备注的是"在假"，他就是从青岛转济南赴南京海员训练班学习的。陈宏泽很有可能不在广州，因而名单中备注了"二十三日到上海报到"，而二十三日正是"广州赴宁学习海员报到须知"中规定的报到时间！

　　如何证明我的判断？找到他的人事档案就能得以佐证，而如果我的判断是正确的，那么，寻找陈宏泽的家人便恰好正当时。

　　第二天上班，我开始着手查找陈宏泽人事档案的下落。我给中远海运特种运输股份有限公司总经办的孙总发去邮件，请他们查一下陈宏泽的人事档案是否在公司。我知道，陈宏泽一直在广州远洋运输公司任职，中远海运特种运输股份有限公司是在广州远洋运输公司基础上成立的上市公司，如果陈宏泽是从广州远洋运输公司离退休的，他的人事档案应该在。同时，为了不遗漏，我也致电中远海运（广州）有限公司档案室，请工作人员帮助查一下。很快，两家公司都给了回复：没有陈宏泽的人事档案。我还给中远海运特种运输股份有限公司的校友陈总留言："'广远'的人事档案是否都在'中远海特'？据我所知陈宏泽最后工作的单位是中外合资的香港友联船厂。"校友陈总很快回复我："广州远洋运输公司的人事档案是在中远海运特种运输股份有限公司，而香港友联船厂应该已经交出去了，属于招商集团的企业。"他表示，陈宏泽的档案他会过问一下。

　　于是，我在查找陈宏泽人事档案的同时，开始上网收集陈宏泽家人的相关信息。"光华"轮是新中国第一艘悬挂五星红旗的远洋船，它的命名寓意为"光大中华"。1961年4月28日"光华"轮开启首航，拉响了新中国进军远洋的第一声汽笛。首航的前一天，中国远洋运输公司成立。因此，"光华"轮的首任船长陈宏泽便被誉为"新中国第一位远洋船长"。

或许是陈宏泽在新中国远洋事业上的杰出成就，有关他的报道和信息很多。没过一会儿，我就在网上找到了两篇专访文章，一篇是采访陈宏泽长子陈海伦的回忆文章《他是我最敬爱的人——陈宏泽长子陈海伦追忆父亲》，一篇是采访曾与陈宏泽共事多年、中国远洋运输总公司原副总经理卓东明的回忆文章《他激励我们不断开拓——老同事卓东明追忆陈宏泽》。在第一篇采访文章的开头，有一段采访说明：陈宏泽的长子陈海伦在广州远洋宾馆工作，于是有了一番关于他父亲的对话。

广州远洋宾馆！这是采访者透露给我的一条重要信息。于是，我很容易地查到了广州远洋宾馆的总机电话。电话接通后，接线员帮我转到了宾馆的人事部，工作人员问明了事情来龙去脉后告诉我，她知道有个叫陈海伦的人，但他已经退休很多年了，他是广州远洋运输公司的在职人员，退休后档案就回到原来单位了。我问她："有没有陈海伦的联系方式？""没有，因为宾馆这里没有人事权，所以没有保留这些离退休人员的信息。"我请她再在电脑里仔细查看一下。她查过后告诉我："宾馆电脑系统已更新了多次，确实没有。"在确定一无所获的情况下，我便向她要了广州远洋运输公司，也就是现在的中远海运特种运输股份有限公司人事部的电话。

绕了一大圈，又重新回到了起点。从起初的中远海运特种运输股份有限公司档案室，到广州远洋宾馆，再返回到中远海运特种运输股份有限公司人事部！从查找陈宏泽的人事档案，转向查找其长子陈海伦的联系方式。

我拨通了公司人事部的电话。接电话的是詹先生，他让我直接联系离退休管理中心，我又将电话打给了离退休管理中心，工作人员林女士了解了我的意图后说："我们不会向陌生人提供离退休人员的信息的。"我向她解释了上个月曾去公司查阅档案，今天上午也和总经办的孙总联系过查找陈宏泽的人事档案事宜。她想了想，便问了我的工作单位，留下了我的电话。"先查一下，查到后我让陈海伦与你联系。""还是给我联系方式，我与他联系吧。我担心陈海伦不联系我。"我向林女士请求。"好吧，查了再说。"林女士说完，便挂断了电话。没过多久，林女士就给我回电话了，她告诉我，她与陈海伦联系了，陈海伦不想再谈起他的父亲陈宏泽，也就是说，他委婉地表示不想与我联系。电话那头的林女士似乎感受到了我的失望，最后给了我一个住宅电话，"他叫卓东明，你可以先和他联系，他现在就在家等你电话。"

从左至右：卓东明、庄敬民、陈宏泽、虞益春

卓东明，一个非常熟悉的名字！1958年交通部在广州成立远洋运输局驻广州办事处，他就是其中的一员，他可以说是广州远洋运输公司的创建者之一，属于元老级的人物！他不仅在20世纪50年代就与陈宏泽有过密切的交往，而且，他与广州的招商局起义船员也多有联系。通过他，不仅能找到陈海伦，还能找到更多的起义船员及他们的家人。

我抑制不住内心的狂喜，拨通了卓东明家的电话。接电话的是他的夫人，一位和蔼的86岁老人，她嘱咐我，卓老90岁了，听力不是太好。之后，便把电话交给了卓东明。我和卓老攀谈起来，从香港招商局起义谈到南京海员训练班，再谈到新中国第一艘远洋船"光华"轮。卓老思维敏捷，每一个话题他都能说上几句。他告诉我，2018年，为编《中国海员史》他曾来过我们学校，还去过海员训练班旧址。我吃惊，一位88岁的老人，还能从广州来到南京，现在还记忆犹新！我夸他身体好，老人很开心。我告诉他，我在研究手中收集到的香港招商局船员起义的资料时，发现陈宏泽曾经在海员训练班学习过，并将我的依据告诉了他。他听了也很吃惊，看来陈宏泽这段经历卓老似乎也不了解。我向他表明我的想法，希望卓老能和陈海伦沟通一下，同时请卓老提供目前在广州的还健在的几位起义船员及其他起义船员家属的联系方式，我将在适当的时候去拜访，卓老很爽快地答应了。交谈即将结束的时候，我要了卓东明老先生的手机号码，并加了微信。

我将意外得到卓东明老先生联系方式的消息告诉了中远海运特种运输股份有限公司的校友陈总。他听后啧啧称赞："找到卓东明，算是找对了人！他是元老，对陈宏泽很熟悉！"陈总告诉我，公司档案中心的徐经理目前在外休假，他刚刚给徐经理去了电话，徐经理说他们也一直在找陈宏泽的人事档案，一直没有找到。在当时，海运局和远洋局同属交通部，大家可能对档案都不重视，后来陈宏泽又被外派到友联船厂了，所以档案有可能在海运局或者招商局！

看来，陈宏泽的人事档案不只我在查找！网上所有关于陈宏泽的人物介绍，在1950至1960年这一段时间都是空白的，我隐隐地感觉到，档案可能已经丢失！

我告诉陈总，上午中远海运（广州）有限公司那边已查过了，没有！友联船厂属于招商局集团的，既然广州远洋和广州海运两家没有，那么，陈宏泽的人事档案极有可能在招商局集团或友联船厂！

一切关于陈宏泽是否参加过海员训练班的结论，都藏在了一个小小的档案袋中！找到陈宏泽的人事档案成为关键！

我将手上掌握的、可以推断陈宏泽曾在海员训练班学习过的材料发给了校友陈总，向他说明了寻找陈宏泽的人事档案对于学校的重大意义，请他费心关注并给予帮助。同时，我也将材料发给了董海波，告诉他我的推断以及陈宏泽的人事档案有可能在招商局集团或者友联船厂。没过多久，校友陈总和董海波先后回复了我。校友陈总告诉我，他已联系了"招商轮船"的吴总，托吴总帮助查找陈宏泽人事档案的下落！董海波先生的回复是：陈宏泽担任过"光华"轮的首任船长，那他的档案应该在"广远"，招商友联船厂是一个修船公司，在一般情况下，像陈宏泽船长这样的老资格是不会调去从事修船工作的！如确定是在香港友联船厂，他可以托人查一下。我向校友陈总和董先生表达了感谢，并将陈宏泽最后的单位是友联船厂直至病逝的信息发给了董海波先生，同时也向他表明："我已先请校友协助查找了，如遇困难，再请董先生帮助。"

不知不觉，已是夜里9点多了，屋外寒气逼人，然而，那么多人的热心和无私帮助又让我感到无比温暖。

先辈们的影像在我眼前浮现，从最初的清晰，到逐渐模糊，再到渐渐消失……我恍然醒悟，是的，档案袋里那一张张泛黄的纸是冰冷的，但那一行行墨迹游走的轨迹，却是鲜活的、生动的，它们充满激情和生命力！

也许，曾经或者现在，有无数人一直在努力寻找陈宏泽那一份丢失的档案！其实，足够了！此时此刻，能否找到，已不那么重要了。从出生到病逝，陈宏泽一生的辉煌，唯有起义回国至"光华"启航的这10年是个空白。而我的推断，即使成立，也像填空一样，只是淡淡的一笔！

人到底如何活？现实？理想？还是在小小的纸袋里？如此想罢，我已全然释怀……

"海厦"轮船长王俊山

按照国际惯例，船长在船员中具有至高的威望和影响力，其技术和能力应该是出类拔萃的，可以称得上是业界翘楚，因此，在我计划对起义船员家人进行寻访的时候，船长是我首要关注的。但是，到底有多少起义船长在南京海员训练班学习过？这个问题一直困扰着我。

我手上握着两份名单，一份是1979年11月17日由交通部政治部和中国海员工会全国委员会编制的"原招商局油轮公司等所属十七条船起义海员名册"，另一份是学校2006年编印的《校友录》。通过比对，这两份名单有很多不一致的地方，譬如，学校《校友录》名单只有杨惟诚和张文豪两位起义船长，而谷源松并不在名单中。

2020年10月中旬，我在深圳招商局博物馆查阅档案资料时，意外地获得了一份香港招商局起义船员赴南京海员训练班学习的名单，这份名单多出5位在海员训练班学习的起义船长，他们分别是"民302"轮船长谷源松、"海厦"轮船长王俊山、"教仁"轮船长罗秉球、"邓铿"轮船长刘维英、"鸿章"轮船长蔡良。在这5位船长中，除谷源松的家人已在广州找到，其他4位船长的家人仍然隐没在茫茫人海。

于是，我开始在网上搜寻这些船长的相关信息。给我留下深刻印象的第一位便是王俊山。无论是参与香港招商局起义，还是组织进行护产斗争，以及赴南京海员训练班学习，王俊山都是积极的骨干分子。

在招商局13条起义轮船中，"教仁"轮是最早滞留香港的，当时的船长王俊山、大副谷源松以修船为由试图拖延时间躲避军差，之后王俊山被调到"海厦"轮担任船长。1949年12月29日，滞留在香港的船长们在思豪酒店秘密酝酿起义，王俊山在起义声明上签署了自己的名字。起义之后，王俊山不顾台湾当局的威逼利诱，拒绝将"海厦"轮开往台湾，因而遭到台湾当局的通缉。后来，王俊山和大副陈宏泽成为起义的骨干力量，积极组织护产斗争，最终率领着"海厦"轮的船员，驾船"海厦"轮驶离香港，抵达广州。返回祖国后，这批起义船员于1950年12月奉调在上海集合，分两批前往南京海员训练班学习，王俊山是第二批的领队。

王俊山在"海厦"轮上

据我掌握的信息，海员训练班学员结业后，大部分被派往华东区海运管理局、华南区海运管理局和中波海运公司。华东区海运管理局即后来的上海海运局，也就是现在的中远海运（上海）有限公司。因此，我决定在查找王俊山的同时，尽可能调查一下在上海海运局系统的起义船员。在交通部政治部和中国海员工会全国委员会编制的"原招商局油轮公司等所属十七条船起义海员名册"中，王俊山、刘维英、费新安登记的单位都是海运局。

我致电了中远海运（上海）有限公司人事处、档案室，得知了三人的档案都在。王俊山、刘维英归老干部处，费新安归退管中心。我又致电这两个部门，得知系统中查不到王俊山和刘维英，费新安能查到，但无联系方式。

《航海》和《中国水运》杂志曾经分别刊登过介绍这三人的文章。我致电杂志社,被告知:杂志社不留文章被采访人的联系方式。我又试着与上海市航海学会联系,结果一无所获。

或许,我应该调整思路,两本杂志给我的启发是,寻找被采访者不得,不如退而求其次,寻找采访者!我知道,在上海海运局有两位退休的老船长,他们专心收集整理研究香港招商局起义资料,并著书立说。一位是豆功亚,另一位是吴长荣,而这三篇文章的采访者正是吴长荣老先生,并且收进了他所著的《上海船长》一书中。

吴长荣老先生于2019年去世,之前,肯定与这些起义船员有过密切的接触,如果找到他的家人,得到吴长荣老先生留下的通信录,就一定能找到在上海的这一批起义船员。于是,顺着这个思路,我再次与中远海运(上海)有限公司老干部处的徐先生联系:"有一位叫吴长荣的船长,写了本《上海船长》,好像与这批起义船员有联系,但吴船长已去世了,不知道你这里能不能查到?""是要找吴船长亲属的联系方式吗?"徐先生问。"我想试试看。"我回答道。"那我来问一下。"说完,徐先生立即帮我查找起来,很快,徐先生给了我吴船长的住宅电话,紧接着又给了我吴长荣儿子和女儿的手机号码。"太棒了,帮了我大忙!"我兴奋地赶忙道谢。徐先生笑了笑说:"不必客气,我们互相帮助。"

结束通话,我立刻拨打吴长荣儿子的电话号码,电话很快就接通了。接电话的正是吴长荣老先生的儿子吴志浩。一番交流后,我向他打听吴长荣老先生是否留有起义船员的通信录。吴志浩告诉我:那是一本纸质的通信录,在老人去世的时候,随老人一起'带'走了。老年人都喜欢纸质的,吴志浩又补充了一句,之后,他答应我等有空回老人住处的电脑里找找看。我向他表示感谢,便挂断了电话。

随后的几天吴志浩都没有消息,我再次给他打电话,提到通信录的事。吴志浩表示歉意:不好意思,最近忙,没回老人的住处。他答应我当晚就回去找找。

到了晚上,吴志浩给我发来了的通信录,有几页纸,每页纸上都记满了名字，每一个名字后面都有详细的住址和电话。之后，吴志浩又给我发来了几张老船长的照片。我仔仔细细地辨认了一遍，在这一大串名字的通信录里，王俊山、刘维英、刘维杰、陆俊超、费新安……赫然在目！

山穷水尽疑无路，柳暗花明又一村。我长叹一声：时不负我！此番周折。

我立马拨通了通信录上的一个手机号码，接电话的是王俊山的女儿王振明！我自报家门，说明了来访的意图及如何获得她的联系方式。我们谈到王俊山船长的起义经历，谈到他和"海厦"轮大副关系很好，谈到在南京和香港的起义船员。"是杨惟诚、蒋季善、林树伟吗？"我问。她答："是的。"杨惟诚很早就去世了；林树伟去了香港，他过去还与学校的一位老校长有书信往来，但后来慢慢就断了联系；蒋季善一年多前去世了，没有给校庆留下任何音像；董华民的儿子董海波先生曾回来学校……

交谈中，我跟她提起王俊山船长相关的历史照片和实物，她告诉我，很早的时候，她父亲的照片、手稿都给了一个人准备出书。可是她一时想不起那人的名字。"豆功亚吗？"我提醒道。"是的！是豆功亚。"她想起来了，"后来那些照片、手稿都不知道去哪里了。最后，编辑也就退回来几张照片"。她表示要慢慢找。"不急的，找到就发给我看看。"我安慰她。我们也谈到陈宏泽人事关系的事，我请她看看有没有王俊山船长和陈宏泽合影的照片。她也答应了找找看，并且告诉我，她曾听她父亲说过，陈宏泽是地下党！我又发给她一张1985年纪念招商局起义35周年时上海起义船员的合影照片，请她辨认一下哪一位是王俊山。很快，她就指出了王俊山，并且还认出了照片里的其他人：前排右四是王俊山，右二是周寿显；前排左二是费新安；后排左一是刘维英，左三是陆俊超；后排右二是蒋季善，右三是林树伟，右五是金振邦。

王俊山一家

　　不知不觉，时间过去了很久。我们相谈甚欢，互相添加了微信好友。她表示她会尽全力配合我收集资料。我向她表示感谢后，挂断了电话。

　　第二天，她又发给我十多张王俊山船长年轻帅气的照片！

"鸿章"轮二副林树伟

在招商局13条轮船起义船员中，有5位曾经在学校工作过，他们是"林森"轮船长杨惟诚，"中106"艇大副蒋季善，"鸿章"轮二副林树伟、二管轮王日新，"成功"轮代三管轮方生荣。他们都是海员训练班第一期学员，其中，林树伟、王日新、方生荣是1950年12月23日在上海集合的那一批船员，他们学习结束后，便去了航运公司任职，后来他们又回到学校，投入到学校的创建工作中。

林树伟是香港人，他在海员训练班第一期毕业后，便被分配到了中波海运公司。后来发生了"哥德瓦尔德"轮事件，台湾当局对在中波海运公司轮船上参加起义的船员进行抓捕，该船政委刘学勇、二副姚淼周、三副周士栋惨遭杀害。林树伟也曾在"哥德瓦尔德"轮上，但由于船在波兰格丹斯克大修，林树伟上了公司另一条船回国公休，从而躲过了一劫。为了安全起见，这些起义船员不得不离开中波海运公司。林树伟就是在这种情况下返回上海后备海员训练班学习，之后又被派到南京中国海员干部学校做了一名教员，"文革"以后，林树伟去了香港。

在最初撰写校史的时候，我就开始打听他们的下落，我先去了学校的人事档案室，没有找到他们的人事档案，我又在网上搜索线索，通过一个名叫"漱石枕流"的博客文章，找到了有关蒋季善的线索，我与学校工会联系，想采访蒋季善但没有成功。2019年，我重新开始撰写校史的时候，又向工会打听林树伟的信息，工会找到了与林树伟有过密切交往的任校长，得到的反馈是：曾经有过长期的书信往来，林树伟也来过学校，但后来慢慢就失去了联系。

参加起义的13条轮船，是陆续返回广州的。当时，美国宣称要收回1947—1948年出售给国民党政府的42艘轮船，其中就有"成功""鸿章""林森""教仁""蔡锷""邓铿"等6艘在香港起义的船舶。万山群岛已经解放，香港到广州的航线也已打通，经请示中央，董华民和香港招商局策划起义的高层商议决定，尽早将起义船开回广州。

1949年7月23日，"民302"轮船长谷源松率领起义船员最先将船驶抵广州，9月16日，有"成功""鸿章""林森""教仁""蔡锷""邓铿"6条所谓的"美债船"也起锚开航，顺利抵达广州。为了防止台湾当局阻挠，加强起义船员的力量，起义回国的船员多次返回香港，装扮成客轮上的乘客，参与后续起义轮船返回广州的工作。林树伟是香港人，这为他多次返回香港提供了有利条件。

林树伟（左4）三兄弟与董华民在"鸿章"轮上

　　"海厦"轮于1949年10月9日起航。启航之前，林树伟装扮成乘客，登上了"海厦"轮，蒋季善在后面负责护航的"民302"轮上。特务分子眼看劫船难成，便偷偷地将早就暗藏在"海厦"轮上的一枚定时炸弹放在睡觉舱的厕所里，当"海厦"轮驶至虎门附近水域时引发爆炸。而此时，喜欢摄影的林树伟正为起义船员们在船尾甲板上拍照留念，唐达雄也在船舺试用新买的相机——拍跟在后面护航的"民302"轮，他请林树伟教他如何对焦及调光圈，之后林树伟离开向前走。炸弹爆炸的时候，林树伟已经走到船甲板中段，爆炸造成唐达雄、陆宝仁两名起义护航船员牺牲，而林树伟幸免于难。当时，大副陈宏泽抱着牺牲的陆宝仁。事后查明，是船上的特务分子将那枚定时炸弹藏在饼干盒里，混过纠察岗哨带上船的。这是后来，我和林树伟儿子林仲文通话时，他讲述给我的。

　　自从在学校工会那里寻找林树伟家人的线索断了之后，网上也再没有林树伟的任何信息，迫于无奈，我也就暂时放下了寻找林树伟家人的想法，等待日后时机的出现。而这一时机的出现却是在一年以后，是找到王俊山女儿王振明的时候。

　　王振明是个热心的人，当她知道我在寻找"鸿章"轮船长蔡良的家人后，便热心地帮我打听。恰巧，王振明与费新安的女儿费志佳有联系，她打电话给费志佳，征得费志佳的同意后，她把费志佳的电话发给了我。

　　我又与费志佳取得了联系，在电话里，她告诉我，她和父亲费新安去过学校，就住在蒋季善的家里。我们又谈到了曾经在学校工作过的杨惟诚和林树伟，恰巧，她与林树伟家人也有联系，她热心地帮我联系后，很快将林树伟儿子林仲文在香港的手机号码发给了我。

　　得到了林树伟儿子的电话后，我马上拨了过去，林仲文已经知道了我的身份。我问他："林树伟老先生身体可好？""已经98岁了。"他每天会推着轮椅带着老人在公园里转转。林仲文很健谈，说了很多老人过去的往事，从林树伟和蒋季善在上海交通大学是同窗，到解放战争时林树伟的船被国民党征用，负责葫芦岛撤兵，所见国民党的腐败，再谈到老人参加香港招商局起义的故事，每一个话题都能谈很长时间。我向他打听陈宏泽是否在海员训练班学习过，他表示不清楚。我又问他家里有没有收藏的历史照片和实物，他告诉我，经过"文革"和几次搬家，那些历史照片和实物有的销毁、有的遗失，所剩无几了。我请他抽空帮忙找找，他很爽快地答应了。

我们又谈到学校，谈到在海员训练班的起义学员，我夸他一口的南京话。他笑笑告诉我，他1954年出生，从小就生活在海员训练班的校园里。"杨惟诚儿子只比我大几岁，整天在家温习功课，很少出门，参加了几次大学考试，都没有被录取，主要还是成分问题。"我问他："像林树伟、方生荣、王日新都在招商局博物馆的那份赴南京学习海员名单中，而杨惟诚和蒋季善为什么只在学校《校友录》的海员训练班名单中？""有可能参加海员训练班学习的起义船员都是要经过身份甄别和系统政治学习后才能被派往航运公司的，而杨惟诚可能有身份问题，蒋季善是起义骨干，也许有其他原因。我听我父亲说杨惟诚为人很耿直，在学校有时会发一点牢骚。"

不知不觉，我和林仲文交谈了一个多小时，最后，我们谈到蒋季善。林仲文告诉我，蒋季善一直很优秀，1956年就做了学校的副校长，后来由于不得意，去了上海海运管理局。我跟他说到2016年第一次看到蒋季善，坐在轮椅上，在校园里晒太阳的情景。林仲文说他2013年还回过南京，去看过蒋季善老人，感觉老人的思维依然很清晰。很多关于招商局起义的故事，他也是听蒋季善老人说的。我给林仲文发去两张老照片，一张是上海交通大学的同学合影，

从左至右：费新安夫妇、蒋季善夫妇、林树伟夫妇在香港

另一张海员训练班篮球队员的照片，他很快指出了蒋季善和林树伟。

他们这一批起义船员毕竟是从腥风血雨中共同走过来的，感情很深，彼此经常走动。林仲文告诉我，蒋季善、费新安都携家人去过他香港的家，每次招商局举行纪念活动，他们都能聚在一起。我谈到没有给蒋季善留下音像的遗憾，请他帮忙给林树伟老人拍几张近日的生活照片和视频片段，他也爽快地答应了，我进一步提出，能不能让老人再说几句话？他告诉我，老人大脑已经"萎缩"，不如当年了，要征求老人的意见，看老人的心情如何。我表示：尊重老人的意愿！

交谈结束后，我和林仲文互加了微信。

此时，虽然已是深夜10点多，我却睡意全无，处在失眠的状态。细细回想走过的寻访之路，从找到首任校长董华民家人开始，谷源松、沈达才、王俊山、刘维英、刘维杰、陈宏泽、陆俊超、蒋季善、费新安、林树伟……茫茫人海，犹如大海捞针，不遗漏一个细微的线索，不放弃一次次艰难的追寻，奔波、劳顿、疲惫、艰辛。此时，我内心充满了强大的动力，我感到自己仿佛不是一个人在寻找，我的身后有那么多无私的人提供帮助，还有一双双渴求真实历史的眼睛……

"邓铿"轮船长刘维英、"中 102"艇实习生刘维杰

《航海》杂志2014年第一期"航海档案"栏目，刊登了一篇吴长荣撰写的以《香港13轮起义中的刘氏双杰》为题的文章，介绍了"邓铿"轮船长刘维英、实习生刘维杰兄弟俩共同投身香港招商局起义的故事。

1949年4月12日，国民党精锐部队第三伞兵团的2 500名官兵乘坐"中102"艇前往福州，轮船开到长江口，团长刘农畯宣布，第三伞兵团在海上起义，"中102"艇改驶连云港解放区。在这次起义中，实习生刘维杰和施君鹏二副表现积极。起义之后，刘维杰去上海投奔哥哥刘维英。此时，"中106"艇以"尾缆绞盘需要到香港修理"为由开进香港。船长刘维英以安家费、预发半年工资、机器损坏等借口在汤传篪和香港海员工会的支持下留在香港。"中106"艇船长刘维英刚刚新婚不久，由于"邓铿"轮船长罗秉球积极参与策划起义的事情走漏了风声，又恰逢台北招商局派"邓铿"轮装货去泰国曼谷，所以罗秉球辞职离船，汤传篪无奈，请"中106"艇船长刘维英帮忙，刘维英深知这是一个充满危险的航程。但他对汤传篪表示，一定会把"邓

铿"轮开回香港参加起义，他还特地把爱妻留在香港。因为刘维杰在上海没有找到工作，刘维英就让刘维杰到"邓铿"轮上当驾驶练习生。

"邓铿"轮到泰国曼谷港，卸完货后返航。在离开曼谷港前，刘维英特地上岸给香港分局发了电报。"邓铿"轮进入南海后的一天，电报员林汝健收到了台北招商局发来的密电，命令刘维英直接把船开往高雄港，并许诺船到台湾即获高额奖励，今后不再运兵而跑远洋等好处。刘维英对林汝健说："你知我知天知地知，千万不要讲出去！"他把密电藏在内衣口袋。

刘维英得到大副夏文丞的支持，每天用假船位报告台北招商局。到了第七天清晨，"邓铿"轮驶近香港，在林汝健的配合下，刘维英将"邓铿"轮开进香港油麻地抛锚，随着隆隆的下锚声，他完成了一次终身难忘的航行。刘维英也就成了驾驶两艘轮船参加起义的船长。

1950年1月15日，招商局13艘轮船在香港宣布起义，为了加强"邓铿"轮护产斗争的力量，刘维英调"中106"艇二副陆俊超到"邓铿"轮上，支持大副夏文丞主持工作，团结三副和电报员林汝健等人，形成了"邓铿"轮上护产斗争的核心力量。后来，香港招商局总船长左文渊把刘维杰派往"登禹"轮当实习三副，加强护船。刘维杰每天晚上临睡前，都要巡查甲板上的每个角落，查看有无可疑爆炸物。在"登禹"轮返回广州途中，刘维杰一直在驾驶台协助新来的朱鸿钧船长工作。

"邓铿"轮船长刘维英

起义归国后，刘维英先后在大连航务局和上海海运局任船长，刘维杰在修好的"登禹"轮任三副多年，后去广州救助打捞局工作，先后担任"穗救204"轮、"德利"轮、"穗救1号"轮船长。1986年，刘维杰离休后回到上海定居。

在得知上海有一批南京海员训练班起义学员之后，我便加大了查找力度，先后与中远海运（上海）有限公司人事处、人事档案室、老干部处和退管会几个部门联系寻找在海运局工作过的陆俊超、王俊山、刘维英、费新安家人的下落，而刘维杰是从广州救助打捞局退休后定居上海的，因此找到刘维英也就找到了刘维杰！最终，中远海运（上海）有限公司老干部处有了查询结果：在离退休系统里，保存了陆俊超妻弟杜大伟的手机号码，王俊山、刘维英在系统中查无此人，费新安可以查到，但无联系方式。

《航海》杂志由上海市航海学会主办，在2012—2014年刊登了多篇关于招商局起义船员的文章。或许，《航海》编辑部会有他们的联系方式！我找到编辑部的电话拨了过去，电话接通后，编辑向我简单了解了情况后告诉我，编辑部除了留有作者的电话外，一般不会留文章中采访对象的联系方式，而作者吴长荣老先生早在多年前就已经离世了。挂了电话后，我又试着与上海市航海学会联系，同样，一无所获。

那位编辑的话提醒了我，作者肯定会有被采访的电话，找到文章作者的电话，也就可能找到被采访者。于是，我又致电中远海运（上海）有限公司老干部处寻求徐先生的帮助，很快徐先生就帮我找到了文章作者吴长荣的住宅电话以及吴老先生子女的手机号码。我向徐先生道谢后，就立即与吴长荣老先生的儿子吴志浩取得了联系，从他那里得到了王俊山和刘维英家人的联系方式。

我即刻拨打刘维英的住宅电话，接电话的是一位女士。在核实了对方正是刘维英的女儿刘紫菊后，我便自报了家门，表明我寻访的意图。刘紫菊告诉我，刘维英已在几年前去世了，后来还发给了我一张刘维英百岁时的照片。我向她表示了这一批起义船员不少都很高寿。刘紫菊告诉我，刘维杰现在还健在。我告诉她，明年七十年校庆，学校正在编写校史，也在筹建海事教育博物馆，希望能收集到更多起义船员的历史照片和实物，刘紫菊答应我有空的时候帮我找找。

与刘维英的女儿简单交谈后，我就挂断了电话。至此，在香港招商局起义船员赴南京海员训练班学习名单中的5位船长家人，已经找到了3位！我长舒了一口气，感觉所有的艰辛与疲惫都已烟消云散。

夜幕降临，漆黑的夜色显得异常寂静。我端坐在案台前，默默沉思。屏幕上，那一串属于刘维杰老人家的电话数字，静静地展现在我的眼前。而此刻，我不想触屏拨打，我只想让这一段难得的静默保持下去，不希望那清脆的铃声刺破夜空，去惊扰一位饱经沧桑的老人。

这是一个值得尊敬的群体，在那个动荡不安的年代，他们毅然选择了奔向祖国的怀抱。他们有的为此献出了生命，有的遭受不公迫害，有的选择了离开……此时此刻，我感到自己已不再是一个简单的寻访者，我在用自己的心灵书写，用灵魂雕琢，我要将这一群体刻画得更加丰满和清晰！

刘维杰夫妇

12月15日，我启程前往上海，此行的目的，不仅要寻找赴宁学习船员名单中"教仁"轮罗秉球、"鸿章"轮蔡良两位船长，还要与在上海工作、生活的起义船员家人见面，并去拜访95岁高龄的刘维杰老人。到了上海，我如愿找到罗秉球船长家人、蔡良船长家人，并与刘维英女儿刘紫菊、王俊山女儿王振明、费新安女儿费志佳见面。最后一天，学校的宣传部长从南京赶到上海，代表学校拜访刘维杰老人。

我们按照刘维杰老伴提供的地址，找到了刘维杰老人的家，此时，老两口儿已在门口迎接我们，热情地将我们让进了屋内。这是一座老式的复式房，楼下一间不大的客厅，楼上南北各有一个房间。刘维杰老人精神矍铄，身体健壮不输当年，从客厅到楼上经过一段很陡的楼梯，他也无须他人搀扶，便可以轻松地走到楼上的房间。老人记忆力好得惊人，提到过去起义及海员训练班的人和事，他如数家珍，而谈到他们一个个离去的时候，老人又透出一丝的伤感，他摇了摇头，嘴里反复低喃着一句："全过得了，全过得了……"我告诉刘维杰老人，我们已在广州找到了两位如他一样健在的起义船员，老人变得异常开心，眼里闪烁着坚毅和欣慰的目光。"'林森'轮大副柳承宗、'成功'轮代三副武才福，您认识吗？"老人不住地点头："晓得，晓得……"我请老人对着镜头，与远在广州的两位老人打招呼，并告诉老人，下次我会将视频带去广州，转送给柳承宗、武才福两位老人。刘维杰老人告诉我们，当时从广州到上海，需要坐三天三夜的火车，那时刚经历过解放战争，火车开得很慢，特别是过铁路桥的时候，必须缓慢通过，到了上海之后，再坐火车去南京海员训练班（笔者注：与"广州赴宁学习海员报到须知"上描述的"分两批坐江轮去南京海员训练班"不一致）。在回忆海员训练班学习、生活的过程时，老人回忆他被分在第一队，第一队和第二队都是从广州来的起义船员，队下面是小组，每个小组七八个人，在一栋房子里学习、生活。我们提到陈宏泽时，老人不假思索便报出他是"海厦"轮的大副。我们进而询问老人，在海员训练班学习期间，是否见到过陈宏泽？老人略微回忆了一下："记不清了。"老人才思敏捷，口齿清楚，逻辑缜密，交流中，老人侃侃而谈，很难相信他是一位近百岁的老人。不知不觉，时间过去了2个小时，我们不忍长时间打扰老人，离开前我们请老人为校庆七十周年说几句话，老人思考了一番，没有打腹稿，便脱口而出。结束了访谈，我们与刘维杰夫妇道别之际，老人将他珍藏了多年的"香港招商局起义三十周年"的纪念章赠送给了我们。

在与"鸿章"轮二副林树伟之子林仲文的交流中，他说曾听母亲提到，1951年，他父母在海员训练班结婚时，陈宏泽曾在婚礼现场，异常活跃，而在刘维杰的访谈中，我没有获得确切的答案。

走在上海的大街上，虽然已离刘维杰家很远了，但我依然沉浸在老人记忆中的那一段往昔岁月，我已身临其境，仿佛已不再是一个简单的过客，对于那一段即将湮没尘埃的岁月，仍无法释怀……

"中106"艇大副蒋季善

2016年，我接到撰写校史的任务后开始翻阅档案、收集学校相关资料，为撰写校史做着前期准备工作。一天，我在上网查找资料的时候，偶然发现了一位网名叫"漱石枕流"的人写的一篇博客文章，题目是《一张老照片，就会沉浸一段难忘的历史》。文章5篇，图文并茂地配了不少学校20世纪50年代的老照片，每一张老照片都做了详细的背景文字说明。一看便知作者是这些照片的亲历者，其中一张照片是1950年4月参加招商局在上海召开的第一届职工代表大会的代表证，代表姓名蒋季善。"漱石枕流"在博客中还写了《九十岁父亲所见证的近代中国航海史》一文，详细地介绍了他的父亲一生重要的经历——1943年在重庆考入上海交通大学航海系，1947年毕业分配到招商局工作，1950年参加了香港招商局船员起义，回国后到南京海员训练班学习，之后就职于中波公司、南京海员学校，最后在上海海运局退休后回到南京的学校家属宿舍，平静的安度晚年。文章中提及了作者父亲近七十年的"大风大浪"经历！

在众多的关于香港招商局起义的文章中，都提到了"蒋季善"这个名字。2010年，在香港招商局起义60周年之际，招商局博物馆举办过60周年图片展，其中，讲解词如此写道：1950

年9月12日下午，"中106"艇由朱鸿
钧船长、蒋季善大副等人驾驶，驶离
香港，向广州进发。9月14日，华南海
员工会举行"中106"艇胜利驶回祖国
港口欢迎大会。香港《大公报》发表
了"中106"艇起义海员在广州受到热
烈欢迎的消息。难道照片的亲历者就
是蒋季善？

蒋季善在"中106"艇上

在查阅学校的档案时，我曾翻阅
到一份由交通部海运管理总局签发的南京初级航海学校时期的南京航校干部
任命文件："调你校戴德同志去大连海运学校工作，即时并任命俞平同志为
你校校长，王宪荣同志为政治副校长，蒋季善、陈铭钦同志任教务副校长，
郑经达同志任校长助理，王日新同志为实习工厂主任。"文件编号为海人[56]
字第310号，签发日期是1956年7月27日。

这些经历都与"漱石枕流"文章中的描述相似，难道照片的亲历者就
是蒋季善老人？为了证实我的判断，我将照片和"漱石枕流"的文章一起发
给了学校工会的郭老师，请她找已经退休的老同事鉴定一下。没过多久，工
会郭老师的回复证实了我的判断，就是蒋季善，老人现居住在学校附近！而
"漱石枕流"正是他的儿子——蒋宁！

得到这个消息，我如获至宝！七十多年过去了，香港招商局起义的那
一批船员都已九十多岁，能够健在的已是寥若星辰。他们都是国家的宝贵财
富，而蒋季善老人身为他们中的一员，竟然就生活在我们身边！我抑制不住
内心的惊喜，立即给郭老师打去电话，请她帮忙联系蒋宁，安排见面的时
间。郭老师答应了我的请求。

过了几天，郭老师通知我：蒋宁已从上海来南京了，并且她已安排我们
在工会的离退休办公室见面。从2000年开始，学校已经整体搬迁到了郊区的
江宁大学城，而工会的离退休办公室还在老校区海员训练班旧址，于是我坐

车赶往市区，在离退休办公室见到了蒋季善老人的儿子，也就是那篇文章的作者蒋宁。

交谈是从那篇回忆文章开始的，谈到我目前撰写校史的工作，谈到学校创建初期与香港招商局船员起义。蒋宁也向我讲述了从他父亲蒋季善老人口中听到的关于香港招商局船员起义的故事和海员训练班的学习、生活经历。作为一名亲历者，蒋季善老人也是那一段历史的见证者！于是，我向蒋宁提出了希望能够采访蒋季善老人的请求。蒋宁面对我，沉默了良久，似乎是在经历一场激烈的思想斗争，最后，他还是摇了摇头，以父亲年龄偏大为理由拒绝了我的请求。

与蒋宁第一次见面之后，我又多次请工会的郭老师进行沟通，希望能得到采访蒋季善老人的机会，但未获成功。最终，我也就不得不放弃了这个想法。之后，我动笔开始撰写校史时去离退休办公室访谈其他老同事，多次看到蒋季善老人坐在轮椅上，被人推着在老校区的校园里散心，几次，我都有一种想上前交谈的冲动，哪怕只是眼神的交流、默默地点一点头。最后，理智还是阻止了我，还是让老人安静地享受那一片属于自己的美好阳光吧……

大约半年后，因为工作的调整，我有了新的岗位，也就只能丢下手头已写好的近5万的文字稿，停下了校史撰写工作，慢慢地，采访蒋季善老人的念头也就在脑海中淡忘了。

一晃三年过去，到了2019年，为了迎接七十年校庆，学校开始组织编写校史，我又找到曾经丢下的文稿，重新开始校史的撰写工作。随着校史的文稿即将完成，七十年校庆一天天临近，采访蒋季善老人的想法又在脑海中浮现，并且愈加强烈。算一算，此时的蒋季善老人已近百岁，不能贸然行动。于是，我又打电话给工会的郭老师，请她与蒋宁沟通一下，希望老人说一句祝福的话，在七十年校庆时留下老人的影像。工会的郭老师答应了我，然而，之后却没有了音讯。

2020年10月31日，学校校庆启动仪式之前，我又给她打电话，告诉她这次学校邀请了首任校长董华民的儿子董海波来到学校，启动仪式结束后，我将陪同董海波去老校区海员训练班旧址看看，希望在蒋季善老人不知道董海波身份的情况下，与老人会面。郭老师又答应了。但直到董海波离开南京，仍然没有蒋季善老人的音讯。

我感到奇怪，忍不住再次给郭老师打电话，询问是不是蒋宁一直坚持不同意见面？即使这样，也应该有个回话！"蒋季善已在一年多前去世了……"电话那头传来郭老师无奈的话语。

怎么可能？我木然、呆立，内心隐隐地疼痛，懊恼、悔恨，酸辣苦涩咸，五味杂陈……面对这个曾经波涛汹涌的世界，他却是无怨无悔的，从我们的身边，静静地离开了……

"登禹" 轮大副费新安

在获知南京海员训练班有一批起义学员，他们学习结业后被分配到了上海当时的华东区海运管理局后，我便与中远海运（上海）有限公司进行联系，加大了对这批起义学员信息的查找力度。而在中远海运（上海）有限公司寻找"登禹"轮大副费新安的过程中，所获得的信息喜忧掺半，喜的是费新安的人事档案就在公司，忧的是退管会没有留下他的联系方式。于是，我上网查找线索，很快便发现一篇《香港海轮起义伉俪——记费新安船长与孙美瑛女士》的文章，作者是吴长荣，刊登在《航海》杂志2013年第1期上。《航海》杂志由上海市航海学会主办，在2012—2014年刊登了多篇关于招商局起义船员的文章。

在与航海杂志社和上海市航海学会联系无果后，我不得不在文章中继续查找有价值的线索。文章中写道：1950年1月15日，费新安在"教仁"轮参加了13轮起义不久，便被调往"登禹"轮任大副。之后，"登禹"轮船长沈达才在"海玄"轮宣布起义之后，被调往新加坡任"海玄"轮船长。"登禹"轮便由费新安大副主管船上事务，实际上为代理船长，主持全船工作。文章中除了描述了费新安参加起义，驾驶"登禹"轮顺利返回广州的经历，还提到了他的妻子孙美瑛，作为183名起义船员家属返沪团的团长，积极配合董华民组织领导了起义工作。孙美瑛来到上海后不久，便当选虹口区妇联副主任，1959年当选区政协副秘书长，1995年退休。由于文章中关于费新安起义之后的信息很少，于是，我调整思路，从孙美瑛入手，开始查找他们的家人。我致电虹口区妇联寻求帮助，接电话的是一位姓张的工作人员，她告诉我，妇联现职的正副主任中，没有叫孙美瑛的。当听说是20世纪50年代任职的副主任，她表示需要花时间在旧资料中查找，但即使查找到，由于年代久远信息也不会准确。她建议我与区政协联系，或者从公安系统中尝试查找，也许会有收获，而且更

"登禹"轮艇大副费新安

加便捷。电话结束前，张女士答应我，如果其他方式还是一无所获，可以致电给她，她再帮我查找。

　　向虹口区妇联的张女士表达感谢之后，我又在中共上海市虹口区委员会主办的虹口区党建网上搜到了一篇文章，题目是《历经甘辛自怡然，高风亮节捐遗体——记虹口高龄重要统战人士孙美瑛女士》，文章的发布时间是2013年3月18日。文章提到：2013年3月10日，孙美瑛去世，享年87岁，她是香港招商局起义人士遗孀，是虹口区重要统战人士，在孙美瑛生病期间和去世后，区政协主席管维镛会同区委统战部领导多次上门看望慰问，3月12日下午，区委统战部副部长、区台办主任项荣探望了孙美瑛家属。时间虽然已经过去了7年，但虹口区政协和统战部一定会保留费新安家人的联系方式。打听到孙美瑛家人的下落后，我开始向虹口区政协和统战部寻求帮助。我打通了虹口区人民政府总机，请接线员转到区统战部，接电话的是许女士，我自报家门，向她说明了情况，请她帮助查找孙美瑛的相关信息。许女士记下了我的手机号码，答应我查过后给我回话。大约过了半天时间，区统战部的郭

先生打电话给我：他们查过了，孙美瑛去世很早，之后就没有什么联系了，他们留的联系方式也是很多年前的了。郭先生给了我一个住宅电话和地址，让我试着联系。

结束了与郭先生的通话，我试着拨打了那个住宅电话，显示的是空号，我又尝试着拨打几次，依然是空号！

既然虹口区统战部提供的住宅电话无法联系到费新安的家人，我开始向虹口区政协去电打听。我打通了虹口区政府的总机，请他们转政协办公室，连续几天，区政协的办公室电话一直无人接听。直到第五天，政协办公室的电话终于打通，接电话的是一位蒋先生，我自报家门，向他打听孙美瑛的联系方式。"你为什么找她？"蒋先生问我。我便将事情的原委说了一遍。听完后，蒋先生记下了孙美瑛的名字和我的电话，然后说："我们查一下，有消息联系你。"说完，挂断了电话。

几天过去，虹口区政协依然没有消息，我忍不住再次将电话拨了过去。蒋先生告诉我："已经安排其他部门的人员查了，请耐心等待。"我向蒋先生道谢后，不得不挂了电话。

从孙美瑛入手查找几乎没有结果，是否还有其他的路径？我重新梳理思路，将有关的线索和信息在脑海里过了一遍。在上海海运管理局，有两位专心收集、整理招商局起义斗争史的人，一位叫豆功亚，一位叫吴长荣。豆功亚曾写过有关"海玄"轮起义的报告文学《蓝色的漩涡》，而这部倾注了豆功亚心血的作品，在"文革"中被烧毁。另一位吴长荣老先生写过大量有关在上海生活、工作的船长的文章，其中，除了《香港海轮起义伉俪——记费新安船长与孙美瑛女士》这篇文章外，还写了《十三轮起义的"吉甫行动"——记十三轮起义中的众位船长》《"大海呀，大海"——记海洋文学家陆俊超船长》等多篇涉及香港招商局起义船员的文章，这些文章都收录在上海交通大学出版社出版的《上海船长》一书中。此外，他还写过《称雄航海界的崇明籍船长》一文，提到上海招商总局副总经理黄慕宗、总船长陈邦达，"中102"艇二副施君鹏，"海辽"轮大副席凤仪和三副张慕忠，以及刘维英、蔡良、朱颂才、张事规、陆俊超等13艘起义海轮崇明籍船员。

吴长荣老先生已于2019年去世，我想他那里应该有起义船员的联系方式，我决定从吴长荣老先生入手，查找费新安的家人。我再次致电中远海运（上海）有限公司老干部处，在徐先生的帮助下，很快找到了吴长荣儿子吴志浩的手机号码。我立刻与吴志浩取得了联系，询问吴长荣老先生是否留有与起义船员有关的通信录。吴志浩答应我等有空回老人住处的电脑里找找看。

几天后，我再次与吴志浩联系，他答应我今晚就回去找找看。到了晚上，吴志浩给我发来了几页纸的通信录，上面有费新安、孙美瑛的住宅电话、地址、邮编。在他们的前后，还有一大串名字：王俊山、刘维英、刘维杰、陆俊超……

我很兴奋，即刻拨打通信录上的费新安住宅电话，可是电话已是空号。不出我所料，从孙美瑛去世，时间已经过去了7年，这个号码很可能已经注销了。至此，所有寻找费新安的线索都已无奈地中断了……

一个周六上午，我在家休息，照常坐在电脑前，梳理着上海另一位起义船长——"鸿章"轮船长蔡良的信息。王俊山女儿王振明的微信头像在我眼前闪了一下，我点开一看，她给我留言：我在帮您找蔡良船长的家人，但不知道能否找到。我向她表示感谢，告诉她我也正在找，已经找到了蔡良在上海长江轮船公司的人事档案。同时，我还告诉她，费新安的家人也在寻找，虹口区统战部提供的吴长荣通信录上的住宅电话已经是空号，虹口区政协还没有消息，估计也不会有，目前线索是断的。过了一会儿，王振明的微信头像又闪了一下，我再次点开，一串文字让我兴奋：费新安的女儿费志佳我们一直有联系，在征得了她的同意后，我把她的手机号发给您。

意外地获得了费新安女儿费志佳的联系方式，我异常惊喜，赶忙向王振明女士表达谢意后，马上拨打费志佳的电话。电话接通了，对方正是费新安女儿费志佳。我向她表明了我的工作单位以及目前的工作后，便将辗转多个单位和个人寻找他们过程中的曲折与辛苦一股脑地"倒"给了她。电话那头沉默着，似乎是一种理解。我告诉她，在上海的这一批起义船员中，我已找到陆俊超、沈达才、王俊山、刘维英，并从刘维英女儿刘紫菊那里了解到，同时参与了两艘轮船起义的刘维英的弟弟刘维杰目前还健在。"是的，还是应该多采访目前还健在的起义船员，他们已是凤毛麟角了。"费志佳的语气显得无奈。我询问了费新安老人老照片的事，她答应明天抽时间帮我找找。当听说我也在寻找林树伟家人，她主动提出帮我联系，在征求了林树伟家人的同意后，她把林树伟儿子林仲文的手机号码给了我。"找到林仲文是你的幸运，他会给你很多帮助。"通话结束前，费志佳希望我们早日能去香港探望已经98岁高龄的林树伟老人。

费新安（右一）、蒋季善、林树伟三家合影

和费新安女儿费志佳一番电话交谈后，我陷入了沉思，17条船以及众多起义船员，对于新中国意味着什么？或许，没有他们也就没有新中国航运的崭新历史，而海员训练班（包括其他地方开办的）既是招商局起义的历史延续，也是开启新中国航运事业的发端。

七十年的岁月荏苒，这一批起义先辈一个个地离去，他们的子女，不仅是其生命的延续，更是他们留存的记忆符号，寻访他们，就是对那一段历史的记忆进行解码，从而寻求历史的真相和答案。

如此一番思量，寻访之路上的所有纠结、艰辛与苦涩，即刻烟消云散……

华夏公司船队总轮机长沈祖挺

1947年7月5日，上海《申报》《大陆报》《华北日报》等各大中英文报纸在头版头条位置以《战争中英雄》为标题刊登了一条消息："英国驻沪总领事奥科登于昨日下午四时，在领事馆代表英皇和英国政府将一枚英帝国官佐勋章O.B.E.授于中国籍轮机长沈祖挺，以褒奖其在第二次世界大战中的英勇表现。"

沈祖挺于1943年7月在一艘英国战时运输部的雷贝利轮任轮机长。1944年8月13日晚9时，雷贝利轮为英国作战进行补给，从北非运送军用物资到南非，航经马达加斯加海峡途中，被德国潜水艇发现并击沉，英籍船长及驾驶员等人不幸遇难。沈祖挺带领幸存的36名海员，乘坐一艘救生艇漂流到一座小岛。在这荒无人烟、缺粮无水的小岛上，沈祖挺不畏艰险，组织海员与天斗与地斗，过着现代"鲁滨逊"式的生活，直到10月28日被英军发现才获救，历时76天。虽然颁发勋章时距事件发生的时间已经过去了三年，但该条新闻还是轰动了整个上海滩，沈祖挺也因此被誉为"中国的鲁滨逊"。

在我手中的三份名单中，沈祖挺只在学校编印的《校友录》的海员训练班名单中，而交通部政治部和海员总工会1979年的"原招商局油轮公司等所属十七条船起义海员名册"和招商局博物馆的"招商局赴南京学习船员名单"中均未有沈祖挺的名字。那么，沈祖挺是否参加过香港招商局船员起义，是否在海员训练班学习过？

在卓东明老先生写的《中国的"鲁滨逊"》文章中，1950年1月15日，香港招商局在中共地下党领导下宣布起义，沈祖挺在刘双恩的安排下，常到招商局的起义船舶中了解情况，传递消息。1950年6月，经刘双恩介绍，沈祖挺参加了共产党在香港组建的第一个航运公司——华夏公司下属的船队，并任总轮机长的职务。1951年5月，中华人民共和国首家与波兰民主共和国合营的中波海运公司成立，需要从华夏公司抽出三艘船作为组建中波海运公司中方的投资，并在香港招募政治条件好的、爱国的、技术业务水平高的高级海员。沈祖挺受华夏公司的委托办理此事。很快挑选好了船舶并在香港航运界物色到了一批符合条件的船员。之后，沈祖挺听说香港招商局起义的海员被分批安排到南京海员训练班学习，他主动要求参加当年8月的第二期海员训练班。1957年，交通部为尽早建立我国自营远洋船队，安排沈祖挺到中波海运公司船舶任轮机长近两年，使得他有机会熟悉远洋航行的业务技术。1958年交通部成立远洋运输局，沈祖挺被调回。当年8月，远洋运输局广州办事处成立，沈祖挺被派到广州办事处协助工作。不久后被正式调入。

根据卓东明老先生的回忆文章，沈祖挺并不是作为起义船员直接参加起义的，而是作为工作人员间接参与了香港招商局船员起义的工作，起义回到广州之后，他也没有随起义船员一起前往海员训练班学习，而是参与了华夏公司的组建以及为中波海运公司挑选船员的工作，因此，他的名字没有出现在"原招商局油轮公司等所属十七条船起义海员名册"和"招商局赴宁学习船员名单"中。而卓东明老先生提到"他主动要求参加，于当年8月参加了第二期训练班"。

香港招商局船员起义期间，卓东明老先生曾作为上海招商局总公司副总军代表邓寅冬的秘书及粤语翻译前往广州，并在当年11月任"永灏"轮联络员。远洋运输局广州办事处成立的时候，卓东明老先生作为创建者之一，曾和沈祖挺共过事，关于沈祖挺经历的回忆应该是可信的。然而，为了增加沈祖挺在海员训练班的佐证材料的可信度，我还是决定查找沈祖挺的人事档案。

卓东明老先生曾描述过沈祖挺在海员训练班学习的情况：他在训练班里带头"交代"自己在旧社会参加的各种"反动"组织和"反动"行为，写了近20页的自传。按他后来的说法，他是做到"脱裤子""割尾巴"了。通过这次没保留的"脱"和"割"，他向组织交心后觉得整个人已是"新人"了。

沈祖挺（右）与卓东明（左）

我曾在2020年9月27日去过广州，在中远海运（广州）有限公司查阅过谷源松的人事档案，当时并未关注到沈祖挺，后来，我在学校的《校友录》里发现了沈祖挺，便于10月23日再次前往广州，在去中远海运（广州）有限公司之外，又去了中远海运特种运输有限公司，它的前身也就是广州远洋运输公司，查找沈祖挺的人事档案，未取得有效进展。而这一次，在我掌握了"招商局赴南京学习船员名单"和"原招商局油轮公司等所属十七条船起义海员名册"后，为了解开这一谜团，我决定第三次前往广州，此行的另一目的，还要找到沈祖挺的家人。

我给中远海运（广州）有限公司退管科的罗科长发去邮件，告知她，我将于2021年1月初前往广州，寻找在广州生活、工作的起义船员家人，并列了一份有可能在广州的起义船员名单，其中，沈祖挺和"海厦"轮起义船员（为了核实陈宏泽的海员训练班学员身份）作为此行寻找的重点，请她帮助查找起义船员及家人的联系方式。很快，罗科长查找后回复我："在您所列的名单中，李海敖、虞永兴已故；柳承宗、武才福健在。"我再次发邮件给罗科长："十分感谢您能找到目前健在的起义船员！另外，表格中的名单有几个重点人物没有找到，有点遗憾。比如陈国华，我上次去中远海运广州公司已找到了他的人事档案，他是海运功臣之一。还有朱鸿钧、沈祖挺、范鹤年、张裕载、鲍宏德和张德成。"我请罗科长再费心查找一遍。罗科长回答道："全部人都已查过一次，因我中心电脑系统建立于2002年，2002年之前去世的我们已经无法查得，可一并咨询我公司组织人事部的莫科长。"罗科长给了我最终的答复。

在给罗科长发去可能在广州的起义船员名单同时，我也将这份名单发给了病榻上的卓东明老先生，请他看看是否有名单上起义船员或者家人的联系方式，特别向卓老提到了沈祖挺。几天后，卓老手术结束便发来信息，向我提供了沈祖挺长子沈全义的电话。

"海厦"轮二副周寿显

新中国成立初期，由于美国对中国实行全面禁运，台湾当局也对大陆船舶进行武装干扰，造成新中国海运南北通航困难及无法组织自己的远洋船队。为了发展新中国远洋事业和运输社会主义建设物资，新中国与波兰、捷克等东欧社会主义国家组建中波、中捷等海运公司。到了1961年，中国远洋运输公司和广州分公司成立，新中国开始筹建自己的远洋船队。"光华"轮是新中国第一艘自营的、悬挂五星红旗的远洋船，因此，它的首任船长陈宏泽也被称为"新中国第一位远洋船长"。

由于从招商局博物馆获得的"招商局赴南京学习船员名单"中发现了陈宏泽的名字，他也列在"海厦"轮起义船员赴宁学习名单中。这是一个新发现，然而，仅凭这份名单就断定陈宏泽在南京海员训练班学习过，材料略显单薄，似乎理由也不够充分。那么，认定陈宏泽的海员训练班学员的身份，最直接的就是找到他的人事档案。可是，由于历史的原因，陈宏泽的人事档案在广州的中远海运特种运输有限公司和中远海运（广州）有限公司并没有找到。

那么，是否有其他佐证的方法呢？找到陈宏泽的家人、目前健在的同期海员训练班老学员，能否从他们的口述、珍藏的历史照片、实物，以及从目前正在撰写《陈宏泽传记》的卓东明老先生那里，寻找到佐证材料呢？我曾将那份名单发给了卓东明老先生，向他请教，他对陈宏泽是否在海员训练班学习的经历也不能确定，因此他联系了一位92岁的老同事——曾参加过海员训练班第一期学习的学员张俊年进行了解。据张俊年回忆说，当年他在海员训练班学习期间未见到陈宏泽。

我仔细地核对了"招商局赴南京学习船员名单"、交通部政治部和中国海员工会全国委员会1979年的"原招商局油轮公司等所属十七条船起义海员名单"以及学校编印的《校友录》海员训练班第一期学员名单，均没有找到张俊年老人的名字。或许，张俊年并没有参加招商局船员起义，只是海员训练班第一期"工会干部班"的学员。因而，他对起义船员陈宏泽不一定认识和了解。虽历经辛苦寻找到了陈宏泽长子陈海伦，但是，他却以不愿再提及他的父亲为由，委婉地拒绝了我想与他联系的要求。那么，从当时参加海员训练班第一期学习的起义船员，特别是"海厦"轮船员及家人中寻找相关佐证材料，便成为了一条重要途径。

陈宏泽当时任职"海厦"轮代大副，"海厦"轮的船员应该对他很熟悉，如果陈宏泽在海员训练班第一期学习过，他一定会留下和他们的合影照片、实物，"海厦"轮学员的学习总结书中应该有关于陈宏泽的描述以及陈宏泽在"小组意见"中留下的鉴定印章。于是，我在"招商局赴南京学习船员名单"中，梳理了一串"海厦"轮学员的名字：船长王俊山、二副周寿显、大管轮张安康、事务长范鹤年，还有轮机长张裕载——他虽不在"招商局赴南京学习船员名单"中，但也被我列进了查找的范围。而轮机长张裕载曾在广州海运管理局工作，我将他的名字与其他有可能在广州的起义船员的名字一起发给了中远海运（广州）有限公司退管科的罗科长，请她帮助查找。

后来，我找到了"海厦"轮船长的女儿王振明，在和王振明的交谈中，她曾告诉我："原'海厦'轮二副周寿显前年在美国去世。"而通过王振明，我得知周寿显是在南京海员训练班学习过的"海厦"轮高级船员，并且周寿显在大连海运管理局担任过海务监督员，他的人事档案有可能在大连。

这是我能联系上的有关陈宏泽的第二条线索，因此，与周寿显的家人取得联系，或许可以获得陈宏泽海员训练班学员身份的佐证材料。

于是，我把我的推论和设想发给了王振明，请她帮助联系周寿显在美国的家人。很快，我的请求就得到了王振明积极的回应。由于时差的原因，第二天早上，王振明才收到周寿显儿子周志从美国发给她的回复：同意与我微信联系。由此，我与周寿显儿子周志取得了联系。周志告诉我：他父母祖籍厦门，父亲周寿显1920年出生，由于家里穷，周寿显上了由陈嘉庚创办的集美高级航海学校。抗战期间，周寿显从集美高级航海学校毕业后，在

周寿显在"海厦"轮上

福建省气象局当技术员，抗战胜利后，在上海三北轮船公司"明兴"轮上当舱面练习生，1946年进入招商局工作。起义初期，由于国民党也在策动"海厦"轮驶往台湾，香港招商局决定委派一名坚决拥护起义的人担任船长，权衡之后选中了曾经在"海厦"轮担任过两年大副的王俊山。当时，周志的外婆定居在香港，周志的大姐、二姐也出生在香港，其父亲周寿显受到船长王俊山的影响，成为了坚定的起义骨干，和代大副陈宏泽、轮机长张裕载、大管轮张安康、业务主任范鹤年一起组成"海厦"轮起义护产核心力量。

此时，国民党特务正在谋划阻挠"海厦"轮的起义活动，有人提出干脆把"海厦"轮的海底阀门打开——让船沉没，也有人提出把船上的两杆步枪先抢到手，把船长捆起来，便可控制整个"海厦"轮。王俊山在党组织的安排下，从其他起义船调来一批积极分子，又由运通公司增派36人参与护船行动。并且实施严格的登船、离船检查制度，对驾驶台、机舱等重要部位加强警卫巡逻。9月28日，船上的生火工施阿毛将烈性炸药放进饼干筒里，经过伪装后被带上船，此事并没有引起当时值班的二副周寿显的警觉。施阿毛又以

同样的方式将雷管和定时器带上了"海厦"轮。后来，在"海厦"轮起义返回广州的航行途中，炸弹被引爆，造成唐达雄、陆宝仁两名起义护航船员牺牲。周志告诉我，由于在爆炸前，其父亲周寿显曾在炸弹安放的位置经过，后来因此事多次受到审查。周寿显从南京海员训练班学习后，被分配到了大连，1957年在"文革"中被错划成"右派"，不得不离开了他热爱的海运事业，降职降薪，被派到房产维修队做泥瓦工，1969年又被遣送乡下从事繁重的劳动改造，直到1978年才得到平反，此时周寿显已经58岁，在大连海运局从事海务监督员。周寿显觉得党给他平反了，他应该为国家尽心尽力，便一心一意扑在海运事业上，并且加入了中国共产党。周寿显每天都很晚回家，由于母亲心脏不好，周志就承担起了家务，下班后去市场买菜，回到家烧饭，照顾母亲。

1968年，居住在香港的外婆远嫁给了新加坡的一位牧师，先在新加坡定居，后又去了美国。后来，周志的二姐在1985年投奔外婆去了美国，1987年周志也去了美国，其间周寿显一直在国内工作，直到1989年在他69岁的时候也去了美国。

我向周志提及"海厦"轮船长王俊山、"登禹"轮大副费新安，周志告诉我，这两位他都见过。老人们之间的感情很深，他依稀记得父亲平反之后，王俊山、费新安都来过大连，周寿显出差也去过上海。王俊山看到周寿显曾经遭受的迫害，内心愧疚没有将周寿显保护好。随后，我发了一张老人们聚在一起的照片，他将照片中的人一个个辨认出来。

我又向周志询问是否听过其父亲讲过有关陈宏泽在海员训练班的信息，他告诉我，父亲很少提及过去的往事，即使提到也都是碎片化的，有时高兴了会说上两句。在他的记忆里父亲没有提及过。我请他帮忙找一些周寿显过去的老照片，他找到两张周寿显在"海厦"轮上的照片发给了我。

我向周志打听他父亲周寿显是否是在大连海运管理局工作和退休的，周志的答案是肯定的，他手上虽已没有新单位的名称及电话了，但是他有父亲单位管理离退休人员的宫主任的微信，他可以帮我联系宫主任。我希望能从宫主任那里查找周寿显的人事档案，并从他的海员训练班《学习总结书》的"小组意见"中，发现陈宏泽的鉴定印章。他让我写一个简短的文字说明，让宫主任了解我查阅档案的目的，由他转给宫主任，我按照要求，写好并留下了我的联系电话。

到了下午，宫主任电话联系了我，告诉我，她安排人查过了，周寿显的人事档案在，并且也找到了我所需要的海员训练班《学习总结书》。但是，按照人事档案的管理规定，查阅需要出具单位的公函。我向宫主任解释了，我暂时只需要查看所需要的内容，如果需要全部查阅，我会按规定办理单位公函等手续的。宫主任答应了我的要求，他们可以将周寿显的人事档案资料发给他的儿子周志，由周志决定是否转给我。

过了没多久，周志将他父亲的人事档案资料转给了我。在海员训练班《学习总结书》的"小组意见"栏里盖着王日新（"鸿章"轮二管轮）、董良江（"林森"轮副厨）、蒋妙根（"林森"轮服务生）、薛宗麟（"成功"轮报务员）、沈才发（"林森"轮三管轮）、蔡国荣（"鸿章"轮报务主任）、夏福贤（"鸿章"轮正厨）、龙伯陵（"鸿章"轮轮机长）的印章；"队部意见"栏里盖着队长：王俊山，指导员：章少华。

没有陈宏泽！

"教仁"轮船长罗秉球

在海员训练班学习的5名起义船长学员中，寻找罗秉球是最为艰难的。我上网搜索了罗秉球的信息，得到的有价值线索异常稀少。唯一的线索就是一篇介绍"夏家箴"的文章中提到过罗秉球。这篇文章刊登在《航海》杂志2014年第二期，题目是《行船立奇功三见毛主席——记劳模船长夏家箴》，作者吴长荣。文章写到："夏家箴在当地奉贤县中学毕业后，于1930年考入招商局航务专科学校(前身为招商公学)第二期，与夏爵一、谢觉之、罗秉球、林祥虬、薛邦祥、颜光海等同窗。"由此推断，罗秉球可能会在上海。

我在吴长荣老人留下的通信录中找到夏家箴、夏爵一的家庭住址和电话，拨打过去，电话已是空号。于是，我继续寻找，在交通部政治部与海员总工会全国委员会1979年的"原招商局油轮公司等所属十七条船起义海员名单"中，罗秉球现单位一栏，标注的是"船研所"。为此，我请教了卓东明老先生，卓老是在1950年香港招商局船员起义后，作为秘书及粤语翻译，跟随上海招商局总公司副总军代表邓寅冬，于当年11月登上起义船，任"永灏"轮联络员的。卓老算是资历很老的，我向他打听"教仁"轮船长罗秉球的联系方式以及"船研所"相关情况。卓东明老先生正在医院做手术，抽出时间回复了我：罗秉球是原"教仁"轮、"民312"轮船长，在香港、广州都有联系，他被安排在上海，我们1951年后就未见过面，也没有联系了。"船研所"有两个，一是六机部的，另外一个是交通部的。

于是，我上网搜索六机部船研所，找到一大串船舶研究所的名字，从中筛选在上海的8家：上海船舶设备研究所（704所）、上海船舶电子设备研究所（726所）、上海船用柴油机研究所（711所）、上海船舶工艺研究所（611所）、上海船舶设计研究院、中国船舶工业第九设计研究院、中船勘察设计院、上海船舶运输科学研究所。

我准备一家一家打电话询问，首先是第一家上海船舶设备研究所，在网上没有找到研究所的电话信息，于是，我联系了上海114电话查询服务台，服务台按照单位名称查询后告诉我，该研究所没有在服务台登记，她接着问我单位地址，帮我用单位地址进行查询，我告诉她，衡山路的地址，查询到了该研究所的电话。按照查询服务台提供的电话，我拨了过去，接电话的是一位姓牛的先生，他听了我的描述后，告诉我，他们单位可能不是我要找的单位，而是另外一家。他很爽快地答应我，帮我询问一下单位的几位老同志，问过了回复我。

过了两天，我再次致电牛先生，他告诉我，帮我问过了，我要找的单位全称应该是上海船舶运输科学研究所，简称"船研所"。按照牛先生的指点，我致电上海船舶运输科学研究所档案室，很快就找到了罗秉球的人事档案。这是后话，当时，我很疑惑，为什么牛先生能肯定地说我要找的"船研所"不是他们单位？为此，我又返回拨牛先生的电话，一方面告诉他消息，向他表示感谢，另一方面也是给内心的疑惑寻求答案。我问牛先生，为什么能确定我要找的罗秉球工作的"船研所"不是你们单位，而是上海船舶运输科学研究所？"因为老同志经常会在开会的时候碰到一起。"牛先生回答。我恍然大悟，原来如此。我很感激牛先生，素昧平生，只因他多说了一句，便让我减少了在其他几个单位之间的电话周旋，减少了时间和精力的无端浪费。

仔细思量，我的寻访之旅一路走来，遇到很多像牛先生这样的热心人，从深圳招商局的董先生、樊馆长、朱女士，到广州海运局的黄女士、李女士，上海海运局的徐主任、曾先生，长江轮船公司的陆女士、彭女士，从校友赞敏、新标、少林、敏达，到起义家人王女士、费女士、刘女士，林先生、周先生，此外还有卓老、吴长荣的儿子吴志浩，等等，他们都在默默地付出，为我提供无私的帮助。

话说回头，从上海船舶设备研究所牛先生处确定了"船研所"的具体单位后，我开始拨打上海船舶运输科学研究所的电话，总机帮我转到档案室，接电话的一位女性工作人员，问明了我的意图后，要了罗秉球的名字，说帮我查一下。没过一会儿，她就告诉我，罗秉球的人事档案在他们单位，并且告诉我，罗秉球已于1987年去世了。我告诉她，我希望调阅罗秉球的人事档案和寻找他的家人，她告诉我，查阅人事档案需要开具单位介绍信或公函，并且，罗秉球属于离休干部，需要与研究所的党群工作部和人力资源部联系，研究所离退休中心应该会有他家人的相关信息。结束通话前，她给了我人力资源部陆主任的办公室电话。我将电话打到人力资源部，一直没有人接听。我又拨打党工部的电话，接电话的是汤女士，我向她说明了来意，她告诉我，他们单位去年刚刚去世了一位起义船员叫陈时雄。查找相关资料必须要有单位的公函，走相应的程序。无论我怎样协商，汤女士原则性很强，于是，我决定亲自前往上海一趟。

12月15日，办好了学校查档手续后，我即启程前往上海。在船舶运输科学研究所，接待我的是党工部的陈部长，他疑惑我为什么会找到他们单位？我便将寻找罗秉球的过程讲了一遍，他听了我对罗秉球的介绍后，感觉研究所有这样一位船长也很吃惊，希望我能查得仔细，挖掘得深入，资料互通有无。我告诉陈部长，在从汤女士处得知起义船员陈时雄的消息后，我便在"招商局赴南京学习船员名单"和1979年"原招商局油轮公司所属十七条船起义船员名册"中查找，均未发现陈时雄的名字。因此，我提出调阅陈时雄的人事档案这个请求得到了陈部长的支持，陈部长还安排了党工部的汤女士，陪同我一起去档案室查阅两人的档案材料。

在档案室，我查阅了罗秉球在南京海员训练班的相关资料，对其社会关系进行了重点收集，虽然没有找到罗秉球在海员训练班的"学习总结书"，但是找到了他在上海长阳路的住址，以及大女婿和侄女婿在上海的工作单位等重要线索。在调阅了陈时雄的档案后，了解了陈时雄为"中102"艇船员，1949年随伞兵三团起义一起到了连云港，所以他未到南京海员训练班学习。之后我将对陈时雄的了解情况反馈给了党工部陈部长，并且告诉陈部长，我们20号即将拜访的目前健在的起义船员刘维杰，也是"中102"艇的起义船员。

"教仁"轮船长罗秉球

陈时雄起义之后，又返回到了上海，在招商局"中124"艇上任职大管轮。而刘维杰回到上海，没有找到工作。此时受"海辽"号起义成功的影响，罗秉球积极参与起义的策划工作，恰逢台北招商局调"邓铿"轮运货去泰国曼谷，罗秉球担心受到台湾当局劫船迫害，辞职离船。汤传簏找到刚在上海完婚的刘维英担负起"邓铿"轮此行的任务，之后，刘维杰也就随哥哥刘维英船长去"邓铿"轮任职，参加了香港招商局的船员起义。

陈部长听了我讲述的故事，非常高兴，当即赠送了我一本《中国远洋海运发展简史》，我也建议陈部长保护好罗秉球船长的档案资料。随后，我将1979年"原招商局油轮公司所属十七条船起义船员名册"中，"中102"艇的起义船员名单发给了陈部长，经他核实，陈时雄的名字在名单中写成了"陈士雄"。与陈部长和汤女士告辞后，我也就结束了船舶运输科学研究所的查阅档案工作，下一步，就是围绕罗秉球档案中登记的家庭住址和社会关系寻找他的家人了。

第二天，我很早就出发了，前往档案中登记的罗秉球在长阳路上的地址。此外，我还备用了两份线索，一个是罗秉球侄女婿沈敏的工作单位和提篮桥的住址，另一个是罗秉球大女婿李汉杰的工作单位。我先去了小区所在的北外滩街道的舟山居委会了解。居委会的工作人员帮我在系统里检索，没有罗秉球这个人，当听说罗秉球已在1987年去世了，便非常肯定地告诉我，系统是后来建立的，之前已死亡的人的信息是不会录入系统里的。从居委会出来，我又向小区里的邻居打听，大家都说没听说过罗秉球这个人。小区门卫姓孙，是位七十多岁热心的老人，在这里已经住了很多年了，当听说我在找招商局的起义船长后，他热心地帮我找到几位同样住了很多年的老邻居打听，最后找到了罗秉球曾经的一位苏姓老邻居。这位老邻居对罗秉球家里的情况很了解，我报出罗秉球两个女儿的名字，苏姓老邻居都摇着头，不知道是已去世了还是生活在外地。老邻居告诉我，罗秉球的家早已不在这里了，罗秉球有一个小儿子叫罗武陵，在上海。他知道罗武陵住哪里，但是一时想不起他所住小区的名字，他可以帮我联系罗武陵。我请求这位苏姓老邻居，立刻帮我联系，他说他没有罗武陵的电话，但他可以去那个小区找到罗武陵。"方便现在就去吗？"这位老邻居答复我："现在没时间去。"他让我写了一张留有单位、姓名、手机号码相关信息的纸条，揣进口袋里，他很认真地答应我，一定会帮我联系到罗武陵。我向他和小区孙姓门卫表示感谢，便离开了长阳路的小区。

下午，我和刘紫菊约好了去她家，看她父亲"邓铿"船长刘维英老人留下来的实物和老照片。我正准备前往的时候，手机铃声响了，是一个上海的电话号码。电话接通后，对方核实了我的身份后，告诉我他就是罗秉球的儿子罗武陵。我向他简单介绍了编写校史以及寻访起义船员家人的情况，讲述了寻找罗秉球家人的艰辛过程。他很感谢我的工作和努力，没有忘记他父亲那一辈老人，他说，他父亲的在天之灵也会感到欣慰。我们相约第二天在他家见面。

至此，在招商局起义船员赴南京海员训练班学习名单上的5位起义船长的家人，已经找到了4位："民302"轮船长谷源松、"海厦"轮船长王俊山、"邓铿"轮船长刘维英、"教仁"轮船长罗秉球。唯一还未找到的是"鸿章"轮船长蔡良的家人！

"鸿章"轮船长蔡良

1949年11月,"鸿章"轮从台湾抵达香港,船员通过在香港停航的招商局其他船员处获悉,香港招商局正在酝酿起义,他们按照香港招商局的通知,停航待命。12月29日,起义船长在香港"思豪酒店"秘密集会,商讨起义事宜,蔡良作为"鸿章"轮船长出席了集会,并在起义声明上签名。1950年2月1日,香港招商局成立护产委员会,蔡良作为"鸿章"轮船长,成为护产委员会委员。9月,"海厦"轮船长王俊山驾船返回广州,蔡良船长驾驶着"民302"轮承担护航任务。12月23日,起义船员奉调上海集合,分两批前往海员训练班学习,蔡良担任第一批船员的领队。

蔡良作为在海员训练班学习的起义船长之一,我一直在关注和收集他的相关信息,除了网上一篇吴长荣写的《称雄航海界的崇明籍船长》中提到的"在香港招商局起义中,发挥积极作用的船长"为我提供了查找线索,其他的线索寥寥。于是,我根据"蔡良是崇明籍船长,他有可能工作、生活在上海"这条线索,试着给中远海运(上海)有限公司人事处档案室打去电话,请他们帮我查一下蔡良的人事档案,得到的查询结果是:没有。后来,我在查找王俊山、刘维英的时候,与吴长荣的儿子吴志浩取得了联系，并且从吴志浩处获得了一份其父亲吴长荣留下的通信录，其中，王俊山、刘维英等人都在通信录里，唯独蔡良不在。至此，线索中断，我也就暂时放下了查找蔡良家人的工作，这种状况直到我在武汉长江航务管理局查阅档案后才有了改变。

长江航务管理局前身是1950年成立的长江区航务管理局（以下简称长航），它是伴随着新中国的建立而成立的最早的内河航务管理机构。香港招商局起义的这部分船员，包括在海员训练班学习的起义学员，除了一些分配到了当时的华东区、华南区海运局外，还有一批被安排到了长江区航务管理局。因此，在去武汉之前，我就将这条信息列入到了此次的查阅计划中。果然不出我所料，在长江航务管理局查阅文书档案时，我获得了一份长航系统的起义船员名单，而蔡良赫然出现在这份名单中：上海分局、人民11号、蔡良。除此之外，还有"海辽"号的报务主任马骏、"济平"轮（"民312"轮）船长张事规，以及协助"邓铿"轮船长刘维英履行职责的大副夏文丞也赫然列在了这份名单中。

蔡良在"鸿章"轮上

从武汉返回，我开始着手寻找起义船长蔡良的工作。当时的长江区航务管理局上海分局在历次的机构改革中拆分、重组，最终撤销，成立了上海长江轮船有限公司。我从公司负责管理文书档案的陆女士处，要到了人事档案处的电话。我马上将电话拨了过去，接电话的是人事档案处的彭女士，她询问我为什么找这个人，我告诉了她我工作的单位和寻找蔡良的意图。她记下了蔡良的名字，答应我先在系统里查一下。我守在电话听筒旁，听到她的脚步声离开，没一会儿，她就查到了结果。"确有一位叫蔡良的，怎么确定是你要找的呢？"她让我提供有关蔡良的个人信息。"他是招商局起义'鸿章'轮的船长，到现在最少90多岁了，他是崇明籍的。"我答道。彭女士核对过后告诉我："他是1912年出生的，崇明人，1987年就去世了。"我算了下一下年龄："应该就是我要找的蔡良！""好吧，今天是周五，我们比较忙，下周一你再来一次电话。""好的。"我将海员训练班学习总结书的封面照片发给了她，请她看看是否有海员训练班的学习总结书、履历中海员训练班记录，以及蔡良家人的住址和电话。彭女士希望我周一能提醒她一下。为了工作联系方便，我加了她的微信。

　　周一上午一上班，我立即给上海长江轮船公司的彭女士发去了信息。彭女士让我稍等，没过一会儿，她给我发来了蔡良的海员训练班学习总结书的照片。确定了在这里离休的蔡良正是"鸿章"轮船长蔡良后，我进而向彭女士询问公司管理离退休办公室或社保中心的电话，并向她说明希望通过离退休办公室或社保中心，能够找到蔡良的家人。彭女士告诉我，蔡良是1987年去世的，他的信息应该还没有进入社保中心。我对彭女士的善意提醒表达了感谢。

　　和彭女士结束通话后，我一直在努力寻找蔡良家人的相关线索，但是一无所获，我不得不再次请求彭女士的帮助。我给彭女士发去信息，告诉她我一直在打听起义船长蔡良。只知道他有3男2女5个子女，还请她根据档案里的子女名字查一下是否在他们公司工作及联系方式。彭女士说她这几天忙，答应等不忙的时候帮我查一下。过了几天，彭女士告诉我，他们公司没有蔡良几个子女的名字。我再次感谢她。看来，几种尝试均没有结果，但我还是不甘心，我开始盘算着亲自去一趟上海。

　　12月15日，我踏上了去上海的寻访之路，此行的目的除了寻找蔡良、罗秉球两位起义船长的家人之外，还要拜访已经找到的在上海的起义船员家人，并且看望目前依然健在的刘维杰老人。临行前，王振明告诉我，她正在托公安系统的朋友打听蔡良的家人，还没消息。我也告诉她我已经启程，亲自前往上海，查找蔡良家人的相关线索。我们约定好，等我查档结束后，一起和费志佳见面。

到了上海，安顿好宾馆，我就前往位于张杨路800号的长航大厦。此时，档案室的彭女士已经将蔡良的人事档案材料找出来了。我对每一页的材料仔细查看，对蔡良的每一位关系人做了梳理，查找可能寻找到蔡良的线索。当发现蔡良的妻表兄陈邦基在当时的长航上海分局监督科工作，后我又调出陈邦基的档案，档案里提到其与陈邦达是堂兄弟关系。我立刻找到陈邦达之子陈元联系方式，与陈元联系，之后，陈元回复我，他听父亲提过陈邦基，但好像没有亲戚关系。我又将蔡良的兄弟姐妹、子女的名字和工作单位记录下来，方便以后查找。在蔡良的人事档案中，我还找到了董华民亲笔写的有关蔡良问题的鉴定材料，这份材料对蔡良起到了一定的保护作用，这也是此次查阅档案的另一个重要收获。

晚上，热心的王振明给我发来短信，询问白天查档情况，我也将此次查阅所获得的线索一并发给了她。

过了一天，根据蔡良档案中的地址，我即刻前往虹口区的公平路688号，这里是高楼间的一片低矮的老旧房屋，一年前开始拆迁，等我找到这里后发现，住在这里的居民已经全部搬迁走了。我一路打听，找到了嘉兴路岳州居委会拆迁安置办公室。接待我的工作人员问明了情况，告诉我，根据拆迁纪律他们不能透露被拆迁人的相关信息。我表明了我的寻访与拆迁工作没有任何关联，于是工作人员答应帮我联系蔡良的家人，至于蔡良家人是否愿意与我联系，只能由他们自己决定。我表示同意，并将蔡良几个子女的姓名报给了他。他让我在办公室外等候，很快，他出来告诉我，已与蔡良的儿子蔡振权联系上了，并把我的手机号码告诉了蔡振权。我向他表示感谢，之后便离开了拆迁安置办公室。

没过一会儿，蔡振权的电话打了过来。我问了他在嘉定的新住址，彼此加了微信，约定见面的时间。功夫不负有心人，至此，招商局起义船员赴海员训练班学习名单上的5名船长，已经全部找到！他们是"民302"轮船长谷源松、"海厦"轮船长王俊山、"邓铿"轮船长刘维英、"教仁"轮船长罗秉球、"鸿章"轮船长蔡良。

"鸿章"轮三副姚淼周

1947年，姚淼周进入轮船招商局，历任"海苏"轮实习生、"江安"轮二副、"继光""鸿章"轮三副。1950年1月15日"鸿章"轮在香港起义，姚淼周任该轮工会主席。9月16日，"鸿章"轮原计划与"成功""教仁""邓铿""蔡锷"等轮一起开回广州。开航前台湾当局百般阻挠，妄图胁迫起义船员把船开往台湾，并放掉锅炉水，阻止"鸿章"轮开往广州。姚淼周挺身而出，不惧怕武力威胁，在上级组织的安排下，与起义船员一起，最终将"鸿章"轮开回广州。姚淼周起义回到广州后，1950年12月随招商局起义船员赴南京参加了第一期海员训练班的学习，他与"民302"轮船长谷源松分在第一大队第九小组，在同一个小组学习的还有张震、包鸿德、吴世泰、陈华生等起义船员。1951年6月15日，中波海运公司成立，姚淼周与陆俊超、林树伟、费新安等人赴中波海运公司工作，在"布拉卡"轮任三副，之后提升为二副。

朝鲜战争爆发后，美国操纵联合国通过"对华海上禁运案"，台湾当局利用尚有优势的海军，对大陆实施"闭港政策"，在公海及已解放的大陆沿海地区，劫持与大陆进行贸易的商船。1953年10月4日，姚淼周任职的"布拉卡"轮为躲避台湾海峡上台湾当局军舰的拦截，主动放弃距离上海最近的，但风险最大的台湾海峡航道，转而行驶在台湾岛东面的太平洋上，力求快速通过危险地带。然而，"布拉卡"轮还是被台空军战机发现，在离台湾岸边125海里处（北纬21°27'、东经122°43'）遭遇台湾当局驱逐舰拦截，船舶被迫停航。台湾当局于18时登上"布拉卡"轮，将船劫持到台湾高雄港。台湾当局对17名中国船员进行密集的审问，要他们宣誓反共，效忠国民党，姚淼周坚决不从，后被遣送火烧岛（绿岛）集中营关押。最后被台湾当局以"叛乱罪"判处死刑。1957年4月9日临刑时，姚淼周从容不迫，用预先藏在身上的酱油瓶猛击敌人，与之激烈搏斗，英勇就义。1990年，姚淼周被追认为革命烈士。

为了寻找姚淼周家人，12月25日，我致电中波轮船股份公司人力资源部，接电话的周女士听说我要寻找招商局起义船员的家人，推荐我去找熟悉公司相关情况的一位胡姓管理离退休的工作人员。我致电胡先生，他查找后告诉我知道姚淼周这个人，但是由于姚淼周很早牺牲，他这里没有其家人的信息。于是，我再次致电公司人力资源部，请求周女士帮我在姚淼周的人事档案以及留存在公司的文书档案中进行查找。周女士很热心地答应了我的请求，过了没多久，周女士在公司的一份"遇难船员调查表"中，找到了姚淼周家人的信息：妻子丁瑞仙，女儿姚萍、女婿董伟兵，此外还有姚淼周的孙女姚燕燕、孙子姚忆帆。这本是一个幸福的家庭，由于姚淼周被劫持台湾后一直杳无音讯，妻子丁瑞仙没有工作，独自一人将女儿拉扯大，女儿姚萍长大成人后和女婿在乡办的企业工作，微薄的收入供养着母亲和子女，生活的艰辛可想而知。姚淼周当时只有20多岁，被劫台湾三年多后，就被国民党当局杀害。此时，周女士还在继续帮我查找，她的热心终于让我得到了我所想要的结果。周女士给我发来了姚淼周女儿姚萍的联系方式：城区住宅电话、乡下住宅电话，还有手机号码。

我向中波轮船股份公司的周女士表示感谢后，开始拨打姚淼周女儿姚萍的手机，电话拨通后，很快就被挂断，第二次拨打，还是被挂断，于是我试着拨打周女士给我的那个城区的住宅电话，一位女士接通了电话。在确定了对方就是姚淼周的女儿姚萍后，我介绍了自己的工作单位和联系她的目的。她告诉我，她平时住在崇明乡下，有时也会来市区住，我问她是否知道南京海员训练班？得到她肯定的答复后，我告诉她，她父亲姚淼周曾任"鸿章"轮的三副，在香港起义回到广州后，随起义船员第一批到了南京，参加了海员训练班第一期的学习。

　　我们谈到她的父亲姚淼周作为"鸿章"轮的三副参加了香港招商局的起义，那时她只有几个月大，母亲抱着她去了趟香港，起义回国后，她父亲也回了趟家，后来在中波海运公司工作后，她就一直没见过她的父亲，所以在儿时的记忆里，父亲姚淼周是模糊的。她听母亲说过，本来姚淼周在"布拉卡"这一趟的航程结束后是要回来的，然而就在这最后一次航程中，姚淼周被劫持到了台湾。姚淼周的表哥、表嫂都在台湾，见到姚淼周后都在劝说他留在台湾，姚淼周坚决不从。在监狱里，亲戚探监时带给他糖果和手表等物品，姚淼周用吃过留下的糖纸，贴了一本糖纸画，表达他热爱新中国，坚决不屈服的思想。姚

姚淼周怀抱女儿在香港

淼周过去有一个同事叫施珍，听说姚淼周被捕后去看望他。姚淼周请施珍写信给大陆，但被台湾间谍查获，施珍受到牵连被判了15年。姚萍告诉我，在她父亲被劫持到台湾后，直到牺牲，母亲一直联系不上父亲，去中波海运公司也打听不到她父亲的情况。由于母亲没有工作，一家人的生活只能靠中波海运公司每月发给她们的生活费维持生计。

　　姚萍依稀记得大概是1988年，一个人从台湾带着她小时候的一张照片来找她们，这个人就是她父亲过去的同事施珍，这张照片是姚淼周牺牲前给他的，希望施珍有机会回大陆的时候，去看望姚淼周的妻子和女儿。施珍是姚淼周崇明的老乡，他向她们讲述了亲眼所见姚淼周在刑场上搏斗的情况。当

时，施珍正在监狱里服刑，姚淼周行刑前，他和其他犯人都被拉去了刑场，目睹了姚淼周在刑场就义的情景……施珍带回了姚淼周在监狱里用糖纸制作的贴画和一块手表。之后的几年，施珍多次向交通部和民政部反映姚淼周在狱中的斗争情况，直到1990年，姚淼周被国家民政部追认为革命烈士。

2004年前后，施珍买了房，定居在了上海。

我问姚萍："那本用糖纸贴的画还保存着吗？""还保存着。"她回答我。"那我们加个微信，我想看看那本糖纸画。"我向姚萍发出请求。姚萍告诉我，她已经70多岁了，不会使用微信，她答应我，等她儿子回来让她儿子加我的微信。我告诉她，我这里有一张海员训练班开学典礼时的照片，上面有姚淼周的签名，到时候发给她儿子转给她。

结束了和姚淼周女儿的访谈，我陷入了沉思，姚淼周不是一个偶然的现象，他是一个从旧社会走过来的旧船员，经历了海员训练班思想的洗礼，脱胎换骨，成为一个坚强的战士和新中国航运的中坚，而姚淼周正是这一代众多杰出海员的代表之一。

华夏公司 "东方" 号船员周士栋

　　1948年，中央计划成立属于自己的轮船公司，起名华夏企业有限公司，隶属于华润公司，刘双恩受命负责挑选船员，包括各种技术人员。刘双恩1946年加入中国共产党，他曾在集美水产航海学校教书，在学校组织 "读书研究会" 发展学生党员，同时兼任中国共产党在厦门的工委书记。周士栋（原名周清东，又名周士东）于1947年进入集美水产航海学校学习，1948年秘密加入中国共产党，此时，刘双恩回到学校，在学生中陆续组织了一批海员，其中包括周士栋、白文爽、黄国昌等人，他们先后抵达香港，同时，把集美高级水产航海学校的校长刘崇基也请到了华润。周士栋成为了由刘双恩为船长的华夏公司第一艘轮船 "东方号" 船员。1951年，周士栋又被派往中波海运公司，在 "哥德瓦尔德" 轮上任三副，其间周士栋参加了南京海员训练班的学习。

　　1954年4月27日， "哥德瓦尔德" 轮由波兰革但斯克港装货抵达广州黄埔港卸完货后，又装载43箱西药和由波兰带往华北港口的一箱机器，于5月9日上午离开了广州黄埔港。12日14时20分，当船航行到台湾东南海域时，遭到台湾当局 "太湖" 号驱逐舰炮击拦截，最终在台湾以南450海里的公海处 "哥德瓦尔德" 轮被迫停船，国民党水兵强行登船。5月13日， "哥德瓦尔德"被劫持到台湾基隆港，船上12名中国大陆船员连同船舶一起被扣留，在遭受了审讯和逼供后船员被押送到火烧岛集中营。关押期间，周士栋进行了英勇顽强的斗争，毫不屈服，坚决抵制台湾当局的策反活动，并揭露台湾当局妄图获取大陆军事、政治和经济情报的阴谋。在其中国共产党员身份暴露后，他义正词严地驳斥台湾当局的宣传。后来周士栋与"布拉卡"轮上的政委刘学勇，趁着监狱放风的时候逃出监狱，利用简陋的工具和材料编扎筏子，打算漂回大陆，但两次均因为海流原因未成功。他们在山洞里隐蔽20多天后被台湾军警发现并包围。面对军警攻击，两人进行英勇顽强的殊死搏斗，周士栋被当场杀害，刘学勇负伤后，再次被捕，惨遭秘密杀害。

周世栋在中波公司工作期间逗留东欧

我在海员训练班第四期学员名单上找到了周士栋的名字，从而确认了他曾在海员训练班学习的经历。为了寻找周士栋的家人，我致电中波轮船股份公司人力资源部，说明了学校七十年校庆以及编写校史，需要查找周士栋，或者，化名周士东的相关信息，接电话的周女士答应帮我查找。很快，周女士便找到了周士栋的人事档案，周女士告诉我，在周士栋人事档案中只有20世纪50年代填写的表格，表格中的地址是福建安溪龙门乡。我问她是否有周士栋上海的地址？得到了否定的答复后，周女士又热心地帮我在公司文书档案中寻找线索，很快，她找到了一份由民政部发的《关于追认周士栋同志为革命烈士的通知》，通知福建省民政厅将革命烈士证明书发给周士栋的哥哥周全东，地址是安溪县龙门山头村。周女士继续帮我查找，又在文书档案中找到了周士栋母亲和妹妹住在厦门的地址。我向周女士表示感谢后，开始按照周女士提供的信息与福建省民政厅联系。

　　我拨通了福建省民政厅的电话，接电话的一位男性工作人员在了解了我要找周士栋烈士家人的情况后告诉我，与烈士相关的事务都是由福建省退役军人事务厅负责，他建议我向他们咨询。我将电话打给了福建省退役军人事务厅办公室，工作人员让我转拨负责处理烈士工作的熊处长的办公室电话。我又拨打了熊处长的电话，电话接通后，对方正是熊处长，我自报家门，并说明了查找周士栋家人的目的，请求他们协助查找。熊处长在系统里查过后告诉我，有周士栋烈士这个人，但系统里没有其他的相关信息，他让我留下联系方式，他再仔细查找后联系我。我向他表示感谢，也就挂断了电话。

　　熊处长是一位办事认真负责而且非常热心的人，我后来才知道，他在系统里又仔细查找了一遍，一无所获后，他便与周士栋家乡安溪县联系，辗转多个部门，打听到了周士栋妹妹的联系方式。

　　才过了一天，福建省退役军人事务厅的熊处长便给我打来了电话，他找到了周士栋妹妹周丽华。周丽华已是80多岁的高龄老人，为办事妥当，熊处长先与周丽华女儿联系过，转告了我的相关情况，之后，熊处长告诉了我周丽华女儿白桂萍的手机号码，建议我先与白桂萍联系。

　　我谢过了福建省退役军人事务厅的熊处长后，便拨打了白桂萍的电话，接电话的正是白桂萍，我告诉她，周士栋曾在海员训练班第四期学习过，我们正在编写校史，需要了解周士栋牺牲前的经历以及牺牲之后他家人的情况。电话里，白桂萍一直称周士栋为舅舅，她告诉我，她母亲曾提起过舅舅周士栋，母亲与舅舅相差12岁，那时候。母亲才13岁左右。她母亲回忆解放前夕，因为共产党员的身份暴露，所以周士栋提前毕业，跟随校长刘崇基一起去了香港。舅舅牺牲的时候，白桂萍还没出生，很多有关舅舅的事情都是她母亲陆陆续续讲给她听的。我问白桂萍她母亲身体怎样？她回答我很好的，母亲的记忆很清晰，过去许多事情还能记起。"我方便直接和她电话访谈吗？""可以的。"在得到了周丽华女儿白桂萍首肯后，我便和白桂萍约定了第二天下午与她母亲直接通话。我和白桂萍互加了微信，白桂萍很快给我发来了民政部签发的《关于追认周士栋同志为革命烈士的通知》的民优函

[1990]210号文。

　　第二天下午，我如约与周士栋妹妹周丽华老人进行了电话访谈。我向她打听周士栋子女的情况，周丽华老人告诉我，周士栋随"哥德瓦尔德"轮一起被劫持到台湾的时候已经27岁了，在当时应该是很大的岁数了。家里人都很着急，为他在家乡介绍过一个相亲对象。周丽华老人那时还很小，只是听她母亲说过，中波海运公司搬迁到上海，周士栋经组织介绍，在上海曾有一个女朋友，本来是要计划结婚的，不巧当时他的一个同事临时有事，周士栋便代替那位同事上了"哥德瓦尔德"轮，于是婚期也改在了这一航次回来之后。可是，就是这一航次，"哥德瓦尔德"轮被劫持了。周士栋是家里的独子，父母得知消息后都很悲伤，母亲想念周士栋，整日整夜地哭泣，时间长了哭瞎了一只眼睛。一家人想方设法，通过很多渠道也打听不到周士栋的消息。周丽华的父亲63岁就去世了，父亲临走之前嘱咐周丽华，要把母亲带在身边。由于与唯一的儿子周士栋失去了联系，所以母亲一直与周丽华一起生活，直到1987年去世，也没有得到周士栋的确切消息。周士栋被劫持到台湾后，中波海运公司每月都给周士栋父母寄来生活费，直到他的父母相继去世。1990年，中波海运公司相关工作人员来到厦门，找到周丽华，告诉她周士栋牺牲的消息，同时交给她交通部、民政部追认周士栋为革命烈士的文件。1991年春节过后，中波海运公司给周士栋家人送来了抚恤金。

　　如今，已经过去半个多世纪了，周丽华也已进入垂暮之年。在和周士栋妹妹周丽华老人的交谈中，我分明能感受到老人内心依然没有抹去伤痛。有时，我似乎能听到话筒那边短暂的抽泣声，我赶紧中断访谈，询问白桂萍："老人的情况怎样？""没关系的。"一家人的豁达让我感动，我不太忍心让业已尘封的往事再次刺痛老人，与周丽华老人简单交谈后，我便请白桂萍给我发几张周士栋牺牲前的老照片，白桂萍告诉我，周士栋长期在外奔波，家里有关他的东西很少，只珍藏了一张。随后，白桂萍将唯一的那张照片发给了我，另外还发了几张网上下载的周士栋的老照片。

　　结束了访谈，我与周丽华、白桂萍道谢，便挂断了电话。至此，在中波

海运公司 "布拉卡""哥德瓦尔德"两艘轮船被劫持事件中三位牺牲人员，除了政委刘学勇外，姚淼周、周士栋两名船员的家人已经找到。而这两名牺牲的船员，一位参加了香港招商局起义，一位参与了黎明前的红色企业——华润集团香港华夏轮船公司的创建，他们都经历了南京海员训练班的学习和锤炼，都为新中国的航运事业献出了年轻而宝贵的生命⋯⋯

"林森"轮船长杨惟诚

在香港招商局13条起义轮船船长中，杨惟诚是"林森"轮的船长。"林森"轮是当时安排在上海、汕头、香港、广州航线上的定期搭客货轮，1949年4月底，从上海辗转来到香港，船长金知人和大副杨惟诚以修理船罗经为由在香港油麻地抛锚，金知人船长响应其叔父金月石的号召，乘机离开"林森"轮，回到解放区。6月初，招商局广州分公司为了让"林森"轮开回广州运兵，任命大副杨惟诚为船长，但没有人愿意执行命令。台湾招商局命令停靠在香港的"民312"轮把"林森"轮拖到广州。"民312"轮在香港海员工会的支持下，坚决拒绝执行拖航令。陈天骏告诉杨惟诚等待秘密起义的消息，请他在香港抛锚等待。

12月29日，聚集在香港的船长在"思豪酒店"秘密集会，商讨起义事宜，会后草拟了一份起义声明，杨惟诚也在起义声明上签上了名字。起义回国后，杨惟诚参加了海员训练班的学习，并留校任教员，"文革"中被错划为"右派"受到迫害致死。1979年，得到平反，恢复了名誉。

网上有关杨惟诚的线索很少，只有在一些介绍起义的文章中会提到，这时，一条征文比赛消息引起了我的注意。这是2020年5月由济南市委宣传部等5家单位共同主办的第五届

"新时代·祖国颂"网络文学征文大赛获奖名单公示，其中一篇《调查杨惟诚》的文章获得了三等奖，作者是徐全庆。公示通知中有组委会的电话。此杨惟诚是否是我要找的起义船长杨惟诚？只有找到作者才会得到答案。而答案如果是肯定的，那么，作者徐全庆就应该会有杨惟诚子女的相关信息。

"林森"轮船长杨惟诚

　　我试着给组委会打去电话，接电话的是一位女性工作人员，她让我写一个文字说明，由他们联系作者。我按照要求将文字说明发给了她。没过多久，她便电话回复我说杨惟诚是作者虚构的人物，我紧接着问她，文章的具体内容是什么？她查了一下告诉我，是关于贪腐的文章。如此，确定了此杨惟诚确非我要找的杨惟诚。挂了电话，我感觉稍许的遗憾，唯一的线索断了，寻找工作陷入了僵局。

　　12月19日，在上海寻找到罗秉球和蔡良两位船长家人后，我与林树伟的儿子林仲文谈到了蒋季善，当时，多次婉拒我采访蒋季善的是住在上海的蒋宁，我告诉他，我明天拜访过刘维杰后就将离开上海，希望能在上海与蒋宁见一面，也许他会知道杨惟诚子女的情况。林仲文告诉我，他姐姐与蒋宁的女儿有联系，他试试联系蒋宁。没一会儿，林仲文告诉我，已将我的电话告知了蒋宁的女儿，他女儿也已转告她父亲，但不清楚蒋宁是否愿意一见。林仲文个人觉得希望不大，并且劝我暂且忙我自己的，"有电话就听吧"。林仲文话中透着无奈。我说："好的。"过了一会儿，蒋宁的电话打了过来，是一个南京的电话号码。电话接通后，蒋宁告诉我，这个南京的号码他不常用，言下之意就是，他以后也不太可能接我打给他的电话。我告诉他目前我在上海，能否见面谈谈，他婉言拒绝了。于是，我只能在电话里向他打听。据林仲文说，杨惟诚有一个儿子和他们住。我问他："曾在一个院子里长大，是否有杨惟诚儿子的相关信息？"蒋宁回复我："杨惟诚儿子性格孤僻，很少接触，也就无从了解。"我告诉他："我曾在博客上看过你写你父亲蒋季善的系列文章，其中，一些老照片我很感兴趣，希望能传给我。"蒋宁说时间久了，他不知道存在哪里了，他让我给他一个邮箱，他有时间找到了就传给我。我向他表示感谢，也就结束了通话。

过了一个星期后，为了寻找杨惟诚子女的线索，我去拜访学校的任老校长。任老校长在1952年北归后，进入海员训练班第四期学习。学习结束后，任老校长在学校工作了很长时间，对学校的历史有很深入的了解。我向他打听杨惟诚的家人，令我意外的是，我在任校长这里没有获得有价值的线索。

为了寻找杨惟诚家人的信息，我曾去学校档案室查找杨惟诚的人事档案，没有找到。我去拜访对学校历史熟知的任校长，也未获有价值的线索，我找到在一个大院长大的蒋季善另一个儿子蒋苏了解，还是一无所获。至此，一切有可能打听到杨惟诚家人信息的途径都尝试过了，他们仿佛消逝了一般，寻找工作又陷入了僵局。

时间不知不觉过去了一个月。一天，林仲文向我提到了学校曾有一位姓褚的剃头师傅，在他很小的时候，就听剃头师傅跟他说过，在海员训练班时就在了。他告诉我，剃头师傅对学校的情况很熟，大院里的小孩和大人，有事没事都喜欢聚在那里，那个校园大门旁的剃头店就尤如一个"情报站"。他答应帮我打听剃头师傅的联系电话，并建议我试试向剃头师傅了解打听。过了几天，林仲文给我发来了剃头师傅儿子的电话。剃头师傅叫褚得宝，儿子叫褚玉明。

我谢过了林仲文，开始拨打剃头师傅儿子褚玉明的电话，电话接通后，我向他询问他父亲的情况，当知道他父亲还健在，我表明了意图，褚玉明告诉我，他父亲身体还好，就是耳朵已经失聪，与外人交流已经很困难，即使是和家人交流都需要看着家人的口型外加纸条。我请他先帮我向他父亲打听杨惟诚家人的信息。褚玉明告诉我，他这两天会去父亲家，到时候帮我打听，谈话结束前，褚玉明向我推荐了小时候曾在大院生活的、目前在学校工作的程实。或许，他会知道一些，但他没有程实的联系方式。

我谢过褚玉明，向同事要到了程实的电话，我又将电话打给了程实。在电话里，程实对杨惟诚没有印象，在我一再的提示下，他才隐隐约约记起杨惟诚这个人，他告诉我，杨惟诚很早就去世了，他对杨惟诚子女的情况也不了解。最后，程实答应帮我向大院里的几个发小打听打听。

在百度知道中，曾有一个叫"仙颐园旧主"在2009年的12月27日，回答过关于杨惟诚的提问：杨惟诚1906年8月21日出生于贵阳教育世家，卒于1976年10月。其一生经历传奇。晚年居住南京。后人均健在。而杨惟诚在招商局职员动态登记卡上，登记的永久住址是贵阳西湖路仙颐园，与"仙颐园旧主"之名高度吻合，杨惟诚登记的出生日期是"西历1909年"，而百度知道上的回答是1906年，但不影响我对"仙颐园旧主"就是杨惟诚家人的猜测。登记卡上，杨惟诚共有5子1女，分别叫杨士林、杨士强、杨士青、杨士怡、杨士雄和杨士中，最大的1子1女杨士林、杨士强都出生在1933年，估计是双胞胎，最小的杨士中出生于1944年，"仙颐园旧主"应该是他们中的一位。时间从2009年到现在已经过去了11年多，"仙颐园旧主"是否还会再次登陆网络，不得而知，我还是试着给他留言并留下了我的联系电话。

网上留的联系电话一直没被拨响，程实帮忙向几个发小打听也没有结果，关于杨惟诚的家人，再也没有新的线索，寻找工作再次陷入困境，不得不停滞下来。

一天，学校工会的郭老师联系我，说蒋季善儿子蒋苏想联系我，问我要去了电话，很快，蒋苏与我联系，并且加了微信。我们谈到了复兴巷5号房屋的事，我知道蒋苏一家一直在大院里生活，于是，我向他打听杨惟诚家人的事，蒋苏告诉我，杨惟诚也住在复兴巷5号3号楼西边3楼，杨惟诚被错划为"右派"期间搬了出去，杨惟诚1976年去世，此时，杨惟诚在复兴巷5号原来住的房子已有其他人住了。蒋苏提醒我，杨惟诚家人住在校外，杨惟诚平反的通知应该是要送达家属的，查平反通知送达记录，就能知道地址。另外，平反后应该补发了不少工资，如学校档案室有工资账册可查到。

这是两条很重要的线索，按照蒋苏提供的这个思路，在南京或许能够找到杨惟诚的家人。于是，在学校档案室，我找到了杨惟诚平反文件以及当时经办此事的两位老师的名字，通过电话向这两位老师询问当时经办的情况。两位老师告诉我，他们是部队转业的，在学校并没有见过杨惟诚，杨惟诚的事他们也是后来才知道的，而且，已经过去40多年了，当时的情景已经完全记不清了。

杨惟诚在招商局职员动态登记卡上的信息

杨惟诚一共有5子1女，蒋苏很确定地告诉我，当时，跟随杨惟诚住在复兴巷5号的只有一个儿子。那么，杨惟诚的其他几个子女，就有可能在贵阳。于是，我根据杨惟诚在招商局人事卡片上留的"贵阳市西湖路仙颐园"的地址，找到了贵阳市西湖社区服务中心的联系方式，电话拨了过去，接电话的是一位张女士，我向她做了情况介绍，请她帮忙查找杨惟诚的子女。张女士认为这是一件好事，他们也希望找到革命先辈的后代，但是，她提出先给她发去学校的公函，她会积极协助我们进行查找。我向张女士表达谢意，随后给她发去了公函，并且给她留了杨惟诚子女的姓名。

第二天，张女士给我打来了电话，她在社区服务中心的居民资料中，没有查询到杨惟诚几个子女的信息，她也询问了社区里几位年长者，他们都不知道"仙颐园"这个地址。她告诉我，她经常会去派出所办事，到时候她带着公函去派出所查询试试。张女士的热情让我感动，我再次感谢了她。

世界便是如此，说大不大，说小不小，茫茫人海，纵然远在天涯，也能不期而遇，即使近在眼前，也如大海捞针，此正应验了宋人的那句：蓦然回首，那人却在，灯火阑珊处。正当我一筹莫展的时候，从小就在学校大院长大的王建宁老师听说我在寻找杨惟诚的子女，便与我取得了联系，他在电话里告诉我，杨惟诚的子女就住在复兴巷5号，杨惟诚的那个房子留给了他的儿子，并且，王老师凭着记忆告诉了我具体的楼栋和房间号。

得到这个信息，我异常兴奋。复兴巷5号几栋宿舍楼，学校正在进行危房改造，如果杨惟诚的子女住在这里，学校国资处肯定会有他们的相关信息。我决定从国资处开始查找复兴巷5号里的"杨"姓户主。在国资处没有找到符合条件的户主，由于复兴巷5号2号楼产权不属于学校，因而，学校没有2号楼户主的信息。此时，我即将启程广州，去复兴巷5号寻找杨惟诚子女的事也就暂时搁置了下来。

等到从广州回来，已是3月底，忙完了手头上的事，我便与王建宁老师联系，在复兴巷5号见面，我如约前往，到了复兴巷5号，王老师领着我直奔2号楼"杨惟诚"家，此时，住户已经搬空，屋里住着危房改造的工人，虚掩着的门上贴着户名叫"杨建华"的天然气催缴通知书，我一阵激动，认定此户即是"杨惟诚"家，我便询问户主的去向，工人也不得而知。王老师告诉我，目前复兴巷5号正在危房改造，社区肯定有杨惟诚家人的联系方式，并且，将社区的位置指给了我，我谢过了王老师，便直奔复兴巷5号所属的棉鞋营社区。

在棉鞋营社区，我说明了来意，工作人员很快帮我找到了杨建华的电话，同时也告诉我杨建华是1951年出生，我脑海闪过一丝疑惑，1951年生，那么杨建华就不会是孙子辈，而杨惟诚5子1女中，也没有叫"杨建华"的！难道是改名了？即使这样，我还是要了杨建华的电话，在社区办公室，我拨通了杨建华的电话。"请问杨惟诚老人是您父亲吗？"我问。"不是。"杨建华答。在确定了杨建华父亲是学校另一位杨姓老师后，激动而狂跳的心很久才慢慢平复了下来。

从社区出来，有热心的居民了解了我在寻找杨惟诚家人的情况后，向我推荐南京市有一个公益性质的五老寻亲工作室，让我试试向他们寻求帮助，于是，我致电五老寻亲工作室，接电话的工作人员了解了相关情况后，热心地答应帮我查找。

第二天，一位姓徐的警官打电话告诉我：他们已经联系上了杨惟诚在南京的家人。至此，历经4个月的时间，杨惟诚的家人终于找到了……

"成功"轮老船长张文豪

　　在学校的档案室，有一封1951年9月28日，国庆前夕海员训练班发给交通部人事司杨安平司长介绍海员训练班学员、"永灏"轮二副李村，"成功"轮老船长张文豪赴京参加国庆盛典的信函。在采访"永灏"轮联络员卓东明老人时，卓老提到他带领"永灏"轮起义船员参加了海员训练班第二期的学习，从李村的"永灏"轮二副身份以及9月28日时间推算，张文豪船长应该是海员训练班第二期的学员，张文豪又是招商局起义13条海轮中"成功"轮的老船长，是参加了海员训练班第一、第二期（第一期5名船长，后人已找到，第二期名单未找到，已知杨惟诚、张文豪2名）学习的7名船长之一。因此，寻找张文豪家人，便提上了日程。

　　在"原招商局油轮公司所属十七条船起义船员名册"中，没有张文豪工作单位的记录，我便试着与中远海运（上海）有限公司档案中心查询，档案中心的工作人员告诉我，需要向公司人事处办理人事档案的查询手续，我又给公司人事处打去电话，接电话的是人事处的曾先生，我给他发去了学校的公函，曾先生回复我，他今天不在公司，明天回单位即向领导请示协调查阅档案之事。第二天，曾先生给我发来信息，他那边已经协调好可以查阅档案了。之前曾先生已与退管办的徐主任联系，将我发给他的名单查了一下，有8个人，其余人员没找到，曾先生很热心地问我需要人事档案中的哪些资料，他可以让档案中心工作人员先准备好，我把海员训练班学习总结书等相关资料发给他，并向他表示感谢。

与曾先生约好了查档时间，第三天，我便启程前往上海，在中远海运（上海）有限公司档案中心，我找到了王俊山、刘维英、陆大洲、黄经国、刘汉玉等人的人事档案，而张文豪却查无此人。

在上海没有找到，我试着与中远海运（广州）有限公司档案中心联系查询，档案中心李女士查询后告诉我：张文豪人事档案在，起义船员柳承宗、武才福目前健在。春节过后的3月15日，我即前往广州。此行的目的，除了寻找起义船员第二批赴海员训练班学习、谷源松等29人结业后派往华南区海运管理局这两份名单，拜访卓东明、武才福等健在的起义亲历者之外，通过张文豪的人事档案寻找他的家人，也是此次广州之行的目的。

抵达广州，我即给中远海运（广州）有限公司的李女士发去信息，告诉她我已到达广州，希望明天能够前往公司档案中心查阅档案。李女士很快回

张文豪（前排右1）海员训练班结业留影

复我，他们明天下午要开组织生活会，所以让我尽量避开这个时间。我告诉她，我会好好利用上午的时间，如果顺利，争取半天时间完成，我也不想过多打扰他们。

第二天上午，我如约前往中远海运（广州）有限公司，在档案管理中心，李女士帮我调出了1951年所有的文书档案，经过仔细梳理和查阅，没有找到那两份名单，在档案中心，我很顺利地拿到了张文豪和朱鸿钧两位船长的人事档案。档案资料所显示的，正如我的推测一样，张文豪参加的是海员训练班第二期的学习。

从档案中心出来，我致电中远海运（广州）有限公司的退管办，接电话的是之前通过邮件联系的罗科长，由于电话里她不能确定我的身份，希望我先与总经办或人事科联系，由他们将所需的信息转给我。于是，我又致电求助公司总经办的王女士，请她帮忙代为联系退管办的罗科长。王女士很爽快地答应了我的请求，没多久，王女士回复我，她已打电话给罗科长证明了我的身份，让我再与罗科长联系，并且提醒这些信息（联系方式/家庭住址）比较敏感，涉及隐私，希望我征求并充分尊重当事人家属的意见。我告诉王女士，我这次带来了武才福老同事、也是海员训练班的起义学员刘维杰的视频，这次一并转交给他。

我谢过公司总经办的王女士后，再次给退管办的罗科长打去电话，罗科长告诉我，武才福目前在上海，并且给了我武才福及其儿子武超英的联系方式。而张文豪和朱鸿钧家人的联系方式，退管办没有。我问罗科长是什么原因？她告诉我，公司的人事档案管理工作已经社会化了，由于武才福是健在的离退休人员，其人事档案还在公司，张文豪和朱鸿钧已经去世，所以他们的人事档案都已移交给了社区，她建议我与广州海珠区的退管办联系查询，并且，向我提供了广州海珠区退管办的电话。

我致电海珠区退管办，告知需要查找张文豪家人的信息，接电话的工作人员查询后告诉我，在系统里张文豪同名者有上百人，问我还有什么其他相关信息？我又告之工作人员张文豪的出生年月以及离退休信息，工作人员查询后说离退休有一同名的人，但是是1933年出生的，我又告诉对方张文豪子女的姓名，查询的结果是系统没有显示其子女的相关信息。

于是，我在张文豪的人事档案中重新寻找线索，档案中留有两个地址，永久地址是广东省南海十一区庐塘乡三雅村；现在地址是广州市抗日西路144号。这两个地址登记时间是1954年，而抗日西路在广州市已无此地址，因此，实地进行查找已不可能。

此番查询未有收获，我便开始在张文豪的子女寻找突破。张文豪人事档案中登记的子女三人，长女张慕仪、次女张爱琼、幼子张宇绰。我从网上开始一个个进行搜索，查找两个女儿均未发现有价值的线索，当搜索张文豪儿子张宇绰的名字时，很快找到一个同名者。此人现在上海，学的是外贸专业，出版了大量与英语单词记忆有关的书籍。张宇绰在微信上开有"张宇绰旧事新韵"公众号中，多数谈一些"沪""粤"美食和广州、上海两地的旧事，在公众号里，张宇绰自我介绍：理工男，资深写手，副刊作者，英语词汇记忆研究者，爱好旅游、美食，谈古话今，品味人生。最后一篇文章更新时间是2020年的5月25日，题目是《看尽紫藤在小园》。此外，美篇上有一篇《我们的大学我们的群》，记录了中国海洋大学的一次校友聚会，作者叫朱平，提到他和张宇绰都曾在中国海洋大学462班学习。

此人是否就是我要找的"成功"轮老船长张文豪之子张宇绰？我在网上继续查找线索，没花多大功夫，又发现了新的线索。在广东招生信息网上有一则2016年的消息"荔湾区西关培正小学1956、1966届学子一百多人以及4位老师齐聚母校"：2016年11月6日上午，我校1956、1966届学子（一百多人）以及4位老师齐聚母校，分别庆祝他们小学毕业50、60周年。活动以"感恩"为主题，把他们在"恩宁一小"（即现在的西关培正小学）的点点滴滴找回来！消息还配发了多张校友返校的照片，其中有两张照片配有"著名语言学家、1956届的学长张宇绰和简（建锋）校交流"和"广东画院副院长、1956届学长伍启中向母校赠送作品"的文字说明。而在张文豪的人事档案家庭成员的职业一栏中，长女张慕仪、次女张爱琼分别就读于中南财经学院、荔湾中学，幼子张宇绰登记的正是西关培正小学学生。由此，我确定了此张宇绰就是"成功"轮老船长张文豪的儿子。

于是，网上我分别给张宇绰、朱平发去私信，做了自我介绍，并留下了我的联系方式，希望能与张宇绰取得联系。同时，根据广东省招生信息网上2016年的这则消息，我找到荔湾区西关培正小学和广州画院的电话。此时，正值清明节假期，两家单位的电话无人接听，我想起广州的一位诗友刘春潮，他是广东省美术家协会的理事，而画家伍启中是广东省美术家协会的常务理事，他们之间应该有工作上的联系和交流。于是，我打电话给广东的刘春潮，询问是否有画家伍启中的电话，他告诉我他有，并将伍启中的电话发给了我。

至此，从广州一路寻找，最终，在上海找到了"成功"轮老船长张文豪的后人。虽然起义船员第二批赴海员训练班名单还未找到，但是，根据目前所掌握的资料，招商局起义13条海轮中至少有7名船长曾在海员训练班学习过，而这已知的7名船长都已全部找到，他们是海员训练班第一期学员："民302"轮船长谷源松、"海厦"轮船长王俊山、"邓铿"轮船长刘维英、"鸿章"轮船长蔡良、"教仁"轮船长罗秉球。海员训练班第二期学员："林森"轮船长杨惟诚、"成功"轮老船长张文豪。

下篇　发现之旅

追踪历史迷雾，还原事实真相

——题记

"招商局赴南京学习船员名单"发现过程及意义

在撰写校史初期，我手上只有一本学校编印的《校友录》，里面有一份海员训练班学员名单，然而，在校史撰写的过程中，我发现这份名单与实际出入很大，譬如，在学校档案室有一份海员训练班学员学习结束后，被派往华南区海运管理局工作的函，其中提到了谷源松名字，但在《校友录》名单中却没有出现。此外，在大量的关于香港招商局起义文章中提到的起义船员，也没有出现在《校友录》海员训练班的名单中。

后来，我在学校档案室查阅档案的时候，又获得了一份1979年由交通部政治处和中国海员工会全国委员会编印的59页"原招商局油轮公司所属十七条船起义船员名册"，而这份名册中，到底有多少起义船员曾经在海员训练班学习，他们又都是谁？却无从知晓。为了解决这些疑问，我多次与交通运输部有关部门联系查阅档案事宜，但是，由于受新冠疫情的影响，均未成功，因此，我将深圳招商局博物馆的查档工作作为突破的重点。我希望在招商局博物馆，能够找到南京海员训练班学员的准确名单。

2020年8月27日，在找到海员训练班首任班主任董华民之子董海波之后，我即随学校宣传部长前往北京拜访，之后，我便着手前往深圳招商局博物馆的准备工作。我制订了详细的查档计划，罗列了一份所需资料的清单，包括起义文件、事件、重要人物以及13条起义船等相关内容，特别是所有与南京海员训练班相关的图片和文字资料，并将清单提前发给了招商局博物馆。临行前，董海波获知我将去深圳查阅档案，他特意与他熟悉的朋友、招商局博物馆的樊馆长打了招呼并且将樊馆长的电话发给了我，还嘱咐我到了深圳就先与樊馆长联系。

一切准备就绪，我便开启了招商局博物馆的查档之旅。9月22日下午，刚一抵达深圳，就立即联系了樊馆长，告诉她我已到了深圳，计划明天去馆查阅档案资料，樊馆长告诉我，她已通知了博物馆的馆员朱女士，由朱女士协助我的查档工作。23日上午，我到了博物馆，朱女士先领我拜访了樊馆长，之后，便开始了查阅档案资料的工作。朱女士告诉我，在我来深圳之前，她就已经根据我提供的清单初步查找了一遍，她找到了上海军管会对驻招商局人员的任命、策划起义信件以及策划起义的人员照片等，根据查阅清单中我提供的起义船员名字，找到了招商局船员职务动态表和人事登记卡片等实物，也找到了起义船的照片资料，而在系统中检索"海员训练班"信息，除了发现一个当时的浦口码头抢修工程委员会发给海员训练班要求调查学员苏字元到职后请假未归的函外，未发现海员训练班的相关资料。我按照清单对每一项内容再次进行了核对，之后，和朱女士又尝试多种方式，对所需资料仔细查找，但是对于海员训练班的资料检索，依然没有新的发现。由于涉及这些资料的版权问题，学校要履行一定的馆藏资料使用承诺，因此，我还必须返回学校，办理必要手续，在资料使用承诺书上加盖学校的公章。几天紧张的查档结束后，我请朱女士有时间再帮我仔细检索海员训练班的相关资料，我告诉她，希望在招商局博物馆能找到与起义船员在海员训练班学习、生活相关的资料，特别是学员名单等资料，并把学校编印的《校友录》里海员训练班学员名单发给了她。

国庆长假一结束，在学校办理好招商局博物馆馆藏资料使用承诺手续后，我再次前往深圳招商局博物馆，这次我拿到了上次查阅到的资料，另外，还增加了国家领导人纪念香港招商局起义的题词以及补充查找的更多起义船员在招商局的人事卡片。

回到宾馆，我仔细翻看了所获得的这些资料，突然，一份赴宁学习名单的文件夹引起了我的注意，我点开文件夹里所有的文件，我异常兴奋，这是一份11条起义船的船员赴海员训练班学习的名单，11条起义船分别是"海厦"轮、"登禹"轮、"海康"轮、"林森"轮、"教仁"轮、"邓铿"轮、"成功"轮、"蔡锷"轮、"鸿章"轮、"民302"轮、"济平"（即"民312"）轮，另外两条起义船"海汉"轮和"中106"艇不在所列名单中。这批赴南京海员训练班学习的起义船员一共

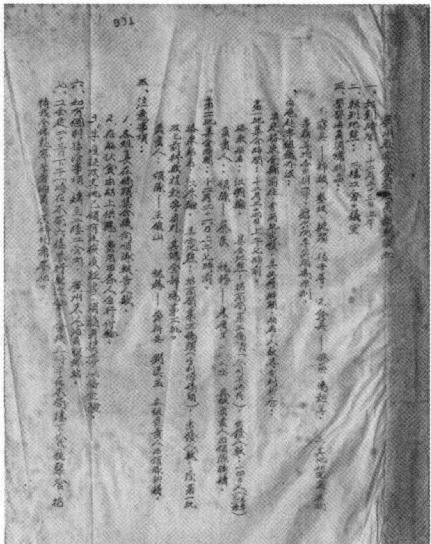

广州赴宁学习报到须知

245人。随名单还附有一页"广州赴宁学习海员报到须知"，"报到须知"里，对这一批起义船员去上海招商局总公司集合的时间、地点，如何乘坐江轮分两批前往南京海员训练班以及两批学习人员的领队等，都做了详细的规定和说明。

这是一个重大的发现，它不仅是学校的一份重要的历史文献资料，而且，对校史的研究有着极其重要的意义。从这份名单来看，这些起义船员赴南京海员训练班是有组织的，也是极其严肃和缜密的。我们通过对这份名单的研究，从中可以发现学校以往材料中的错误，譬如，在学校编的《校友录》中，蒋季善是海员训练班第一期一班的学员，而在招商局博物馆发现的这份名单中，却没有蒋季善的名字，在后来对蒋季善人事档案资料查阅后证实，蒋季善并没有随这批起义船员来海员训练班，而是在招商局广州分公司任职，到1951年6月之后，参加了海员训练班第二期的学习。此外，这一批245名起义学员名字，很多都不在学校的《校友录》里，譬如，"海厦"轮船

长王俊山、"邓铿"轮船长刘维英、"民302"轮船长谷源松、"教仁"轮船长罗秉球、"鸿章"轮船长蔡良，还有"林森"轮船长杨惟诚和"成功"轮老船长张文豪（不在245人名单中）以及一大批起义高级船员，而正是他们，构成了新中国初期航运业的中坚力量，特别是被誉为"新中国第一位远洋船长"、第一艘挂五星红旗的远洋船"光华"轮船长陈宏泽，也出现在招商局赴南京海员训练班学习船员名单中。

此外，这一批起义船员及其船舶，对于新中国新兴的航运业意味着什么？而第一所在南京创办的海员训练班和后来上海等地开办的"海员训练班"，作为招商局起义的历史传承与延续以及新中国航运业发展的发轫与开端，这方面的研究极具价值，有待进一步深入研究。

"海辽"号起义船员合影背后的故事

  这是一张早已泛黄的71年前的老照片，它像一位经历了岁月沧桑的老者，静静地望着眼前的世界，它一直沉默着，不去述说照片背后——那些隐藏太多不为人知的秘密和故事。

  1949年9月，招商局"海辽"号船员在地下党组织的精心安排下，决然起义，历经重重阻碍，对船舶多次进行换装，在海上航行8天9夜，驶往东北解放区大连。起义成功后，"海辽"号全体起义船员聚在一起，留下了这张弥足珍贵的合影。

"海辽"号全体船员起义纪念

  这张照片是我在2020年去深圳查阅相关档案资料时，由招商局博物馆提供给我的，照片的右上角用签字水笔写着：上海航运处招商局惠存，左下角落款：方枕流敬赠，落款时间为12月1日。方枕流是"海辽"号起义船长，船长将照片赠送给上海航运处招商局的时间正是新中国刚刚成立后的2个月。

七十多年过去了，随着时间的流逝，照片中所保留的记忆，早已隐没在了历史的尘烟中，逐渐变得模糊不清。照片的拍摄地点是哪里？照片上的53人，他们分别是谁？当时拍摄照片的背景是什么？很长一段时间里，一直像一个谜团困扰在我心中。而在我获得这张照片的时候，对这个"谜"的研究与揭示，对于还原历史事实和真相，显得尤为重要。

而这个谜底最终揭晓，却是在几个月之后，一个偶然的时机。当时，我正在寻找和收集招商局起义船员赴海员训练班学习相关资料，在此过程中，我一直没有发现"海辽"号起义船员在海员训练班学习的迹象。为海员工会培养工会干部，对起义船员进行政策、思想教育，身份甄别，是中央人民政府交通部和海员总工会在南京联合创办海员训练班的目的。在解放初期复杂的历史环境下，招商局船员起义后，一般来说，多数都是要经过海员训练班学习，这在当时是一项严密的组织行为，起义船员只有经过海员训练班学习之后，才重新上船任职工作。"海辽"号起义的时候，海员训练班还没有在南京创立，并且，"海辽"号起义驶往了大连。当时，美国对新中国实行禁运，台湾当局对大陆沿海袭扰，造成新中国海运南北不通航，再加上经历了解放战争，铁路遭受破坏，陆上交通运输也很困难。而这些因素，是否是"海辽"号起义船员未能赴海员训练班学习的原因呢？

后来，我在海员训练班第四期找到了张慕忠的名字，而他当时刚刚大学毕业，在"海辽"号上任职三副，直接参加了"海辽"号的起义。于是，我从掌握的通信录材料中与张慕忠老人的儿子张崇海取得了联系。我将这张"海辽"号起义船员的合影发给了他，很快，张崇海便指出了他父亲张慕忠老人在照片中的位置，之后，又经张慕忠老人仔细辨认与核对，照片中，除了部分船员老人记忆有所遗忘记不清外，其中一大半起义船员都得到了确认。据张崇海介绍，这张照片拍摄地点是在大连的东方饭店。

而照片的拍摄背景是什么？带着这个疑问，在我寻访招商局起义船员家人的过程中，与"海辽"号大副，当时的起义骨干席凤仪的儿子席振洲取得联系之后，也找到了答案。"海辽"号起义成功后，党和政府对全体起义船员发放了300万元（关东币）的奖励。在席振洲给我发来的他珍藏了几十年的一本"海辽"号起义船员评功记录本上，详细记载了从11月6日开始至11月24日结束，"海辽"号起义后，在大连东方饭店（笔者注：记录本上为东方旅社）二楼会议室召开评功会议的整个过程。

11月6日至22日，"海辽"号船员召开评功小组会议，船长方枕流为会议主席，17名船员作为会议代表、李鸿锡（估计是政府职能部门工作人员）作为列席代表出席了会议，记录员由"海辽"号业务员陈德本担任。小组评功会议对"是否遵照党与政府之指示来分配奖金""请船长预先拟订之草案来作参考"和"通过草案之成立，如不全之处得可随时修改"三项议题进行了讨论，最终获得会议代表通过。评功小组会议上，17名会议代表根据拟订的草案对全体起义船员的功过进行了认真评议和现场打分。11月24日，"海辽"号全体船员召开了评功大会，在会上，公布了全体船员功过分数和奖金发放标准，并在评功大会上进行了奖金的发放。

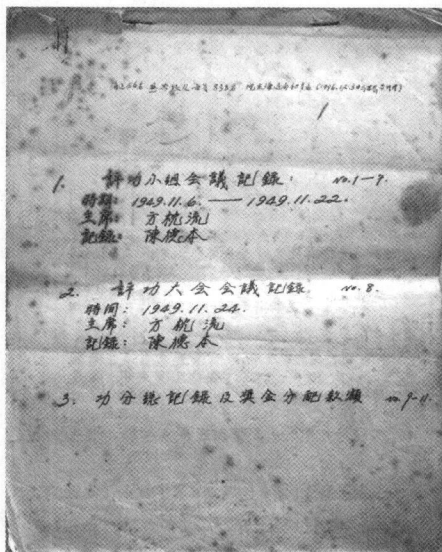

"海辽"号评功会议记录册手稿

而照片拍摄的时间是11月20日，此时，正是评功小组会议即将结束的会议期间，会议议题、评功草案和船员功过分数都已大部分完成，会议间隙，"海辽"号全体起义船员拍下了这张珍贵的具有历史意义的照片。

最后，令我感动的是，席振洲先生愿意将他珍藏了几十年的这本"海辽"号评功会议记录册捐献给学校。他告诉我：每当想起爸爸在党的领导下，在以方船长为首的四人领导核心的领导下，浴血奋战。成功地将"海辽"号护送回人民的怀抱，他总是心潮彭拜，热血沸腾。

几张生死签名照

　　12月28日，招商局起义轮船"鸿章"轮船长蔡良的儿子蔡振权先生给我发来了他珍藏的一组过去的老照片和实物。在几件实物中，蔡振权先生愿意将他珍藏的一枚海员训练班第一届学习纪念徽章和他父亲蔡良学习结业后派往武汉工作的派遣证明捐献给学校。

　　蔡振权先生发来的这一组老照片，两张是起义船长的合影、一张是与军代表董华民的合影，以及三张船长单人签名赠予照片。起义船长的合影中分别有"海厦"轮船长王俊山、"海汉"轮船长朱颂才、"中106"艇船长金鸿兴、"成功"轮老船长张文豪。"鸿章"轮二副林树伟之子林仲文告诉我，照片的拍摄地点是在香港的浅水湾酒店。那张与军代表董华民的合影照片拍摄于石澳，其中增加了几名船长，经我与招商局人事卡片上的照片比对后，最终确认了合影中增加的几位船长名字。

　　这一时期，招商局13条起义轮船正停泊在香港，在当时的复杂的斗争环境下，这些起义船长聚集在香港的浅水湾酒店，他们应该不会有闲情逸致地游山玩水，况且船长与军代表相聚的地点又在香港的石澳，据我猜测，应该是商讨有关起义的事情。为此，我将我的猜测告诉了林仲文，请他向98岁高龄的父亲——

"鸿章"轮二副林树伟老人进行核实，但遗憾的是由于林树伟老人年事已高，对过去的事情失去了记忆。经分析，他的儿子林仲文也赞同我的推断，林仲文告诉我，从照片中可以发现，董华民穿着短裤和长袜，是标准的英式高级船员的装束，可见，他们的聚会是经过精心装扮的，目的是避免引起港英当局的注意。

董华民与起义船长在香港石澳

另外三张船长单人签名照片分别是"海厦"轮船长王俊山、"海汉"轮船长朱颂才、"中106"艇船长金鸿兴签名赠予"鸿章"轮船长蔡良的。照片背面的签名时间集中在1950年的9月期间，最后的一张是朱颂才赠予蔡良的，时间是10月1日。赠言内容格式基本一致，都将被赠予者尊称为兄，赠予者谦称自己为弟。几个月前，在"民302"轮船长谷源松孙子谷宏庆家，我曾获得一张军代表董华民同样赠予谷源松的照片，背面的赠言、落款与上述三张照片一致，落款时间是9月4日。

"民302"轮是13条起义轮船中，第一个返回广州的。当时，珠江口外的万山群岛虽已解放，但台湾当局的军舰还时常在珠江口外游弋，起义船上的船员复杂，不时有特务进行破坏和阻挠，返回广州的航程依然充满危险。"鸿章"轮、"教仁"轮、"成功"轮和"邓铿"轮，是第二次世界大战结束之后，国营招商局以贷款方式向美国购买的战后物资。香港招商局宣布起义之后，台北招商局总管处以轮船产权仍然归属美国政府为借口，要求港英政府出面扣留船只，然后移交给台北招商局。为了防止港英政府扣留四艘起义的美债轮船，董华民决定让它们同时开回广州。9月16日，起义海员们驾驶"成功"轮、"鸿章"轮等六艘所谓"美债船"准备驶往广州。"鸿章"轮水手长带领几名特务公然缠住大副闹事，企图阻止起锚开航，船舱锅炉里的水被另一名特务放干，造成"鸿章"轮当天无法开航。

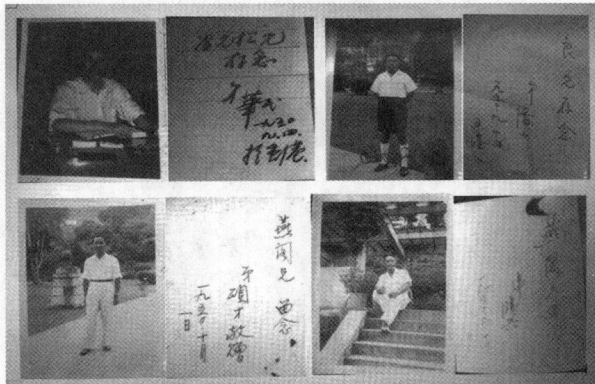

返回祖国前的一组签名照片

"海厦"轮于10月9日起航。特务们眼看劫船难成，偷偷地将早就暗藏在船上的一枚定时炸弹安放在船体右舷部位。当"海厦"轮驶至虎门附近水域突然发生爆炸，所幸被炸而损坏的部位在船体右舷水线之上。面对突如其来的爆炸，起义船员无一人动摇，坚持将船驶抵广州。

在起义海轮陆续返回广州期间，为了加强起义海轮上起义船员的力量，很多起义成功的船员多次返回香港，参与到后续起义海轮的护航行动，其中，"中106"艇起义船员唐达雄、陆宝仁在参与"海厦"轮的护航行动中，献出了宝贵的生命。

13艘起义轮船全部返回大陆，它们成为新中国初期一支相当重要的水上运输力量。起义归来的600多名招商局船员中，有245名起义船员参加了中央人民政府交通部和海员总工会在南京创办的海员训练班第一期的学习，他们和其他积极返回祖国怀抱的船员一起成为新中国航运事业的技术骨干，他们为创建和发展新中国的航运事业做出了贡献。

时光荏苒，70年岁月也已悄然流逝，这一张张透着笔墨的照片，依然散发着浓浓的兄弟情谊。在招商局起义的过程中，照片中的主人公们结下了深厚的感情，虽然，返航的行程充满坎坷和危险，但是，他们却早已坚定了起义信念，将生命置之度外，积极投身到起义中。他们彼此以兄弟相称，庄严、郑重地签上自己的名字，将一张张生死签名照相互以赠。

起义船员返沪观光团路条、名单及返港路条

在找到"鸿章"轮船长蔡良家人后，蔡良的儿子蔡振权先生给我发来了他收藏了的当年招商局起义的几件实物，其中，一张起义船员返沪观光团路条完好如新。竖写的格式，用娟秀的毛笔字写着："查本公司观光团团长罗秉球率领团员90名（附名单一份），自香港乘火车赴上海观光考察，希沿途军警查照放行，特此证明。"路条以香港招商局正式的发文形式，文号为021号，发文时间为1950年3月25日。文件由军代表董华民和经理汤传簏共同签发，并盖有鲜红的"招商局轮船股份有限公司香港分公司"印章。

1950年1月15日，招商局13艘海轮在香港同时宣布起义，起义初期，由于船员成分复杂，对党的政策和国内形势不了解，再加上国民党特务散布谣言，起义后的船员大多怀着一种观望的态度，组织起义船员返沪观光

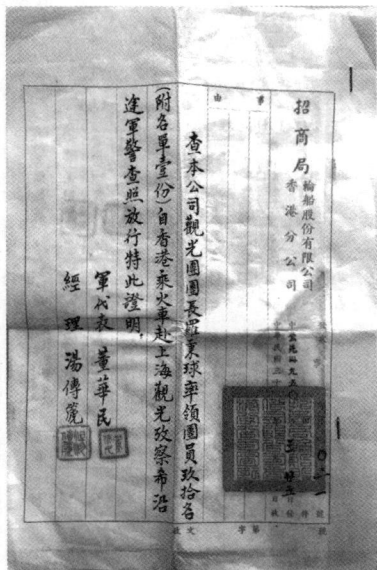

起义船员首批返沪观光路条

团的一个重要目的，就是让海员亲眼看看解放后祖国的巨大变化，从而起到稳定船员队伍，坚定起义信念的作用。

这是香港招商局组织的首批返沪观光团，文件签发的当天，香港《大公报》便刊登出了消息：为了加强对新中国的认识，香港招商局组成返沪观光团，罗秉球任团长，定于3月27日赴穗，转往上海。观光团于1950年3月27日，跨过罗湖桥，第一次回到解放后的祖国。他们受到广州海员和各界人士的热烈欢迎，之后，观光团坐火车前往上海。30日抵达上海后，起义船员进行参观、参加座谈，对新中国的建设形势有了直观和充分的了解。对于这次观光团的活动，1950年4月5日的《人民日报》以《招商局港分局起义员工代表团抵沪备受欢迎》为题进行了报道："【新华社上海五日电】一月间在香港起义的招商局香港分局十三艘轮船员工，热望早日参加人民航运事业，特组织代表团来沪观光。该团一行九十人，于上月三十日抵沪后，备受上海海员和招商局员工的欢迎。本月一日招商局工会、上海海员工会与观光团举行座谈会，当晚并举行盛大的联欢晚会"。

5月9日，香港招商局又组织了第二批返沪观光团，成员由85名起义船员组成，"成功"轮业务主任张光宪任团长，"海汉"轮大副刘汉玉、"中106"艇二副陆俊超任副团长，从香港出发。由于第二次返沪观光团的报道不多，所以我便从收集到的起义船员的人事档案中寻找相关信息，终于在"林森"轮主任报务员谢硕南在海员训练班学习总结书——他本人的自传里找到了对这次返沪观光的详细描述。"第一次观光团自沪返港，带回来许多令人兴奋的消息，所以我决定参加第二次观光团去沪一行。"谢硕南在第二次返沪观光团中被推举担任秘书一职。

观光团返沪前，海员公会在加陵大楼召开了欢送茶话会，希望观光船员们将回到祖国后的收获和感想报告一下。在会上，李大林对船员们提出的疑问做了"一个深入而详尽的解答"。

谢硕南一路上都感觉"很新鲜而别致，铁道的服务精神，工会的热诚招待，首长的慰勉"让他有"久别亲人之感"。到了上海后，他亲聆了于眉

"态度诚恳，言词亲切"的讲话。他参观了工厂和解放军部队，受到警备部热烈的盛筵款待以及参加了欢迎晚会，这让他"有生以来第一次最受感动的军民联欢大会"。谢硕南还参观了人民监狱，"那里面好像一个大工厂，又好像一个学校"，他观看了犯人的腰鼓、花棍等文娱活动表演，与"帝国主义反动派迫害人民的黑暗地狱"相比，"现在则变成了'把鬼变成人'的人间乐园了"。由此，谢硕南加深了对政府政策的具体认识。

观光团中的一些起义船员不愿意再回香港，工会的同志便耐心地说服他们："香港的特务正在造谣。只有你们回到香港，才能粉碎他们的谣言。"许多起义海员的家属也随观光团一起去香港会见自己的亲人。香港海员工会招商局支会编写出版的快报，便反映了香港招商局起义后船员返沪观光及起义船员们的精神风貌与热火朝天的工作情况。

在上海观光期间，于眉将三个重大任务传递给香港海员：一是护产；二是在可能的条件下生产；三是支援前线，解放台湾。观光团返港不久，船员们就发动了签名支援前线、解放台湾的运动。船员积极参加解放海南岛的捐款，购买公债等。

两次观光活动起到了良好的效果，船员回到香港，把自己亲眼所见告诉大家，

首批观光团由沪返港路条

使起义船员更加团结，从而为起义海轮返回广州打下了坚实的基础。此时，珠江口外的万山群岛已经解放，董华民和香港招商局开始计划将起义海轮开回广州，起义期间，由于船员和家属都住在船上，所以必须先组织家属返回上海，船才能起锚开航。家属们听说让她们离船回上海，纷纷提出好多不肯

离船的理由。董华民邀请家属召开座谈会，请"登禹"轮大副费新安的夫人孙美瑛一起做动员工作，对家属关心的工资问题，由公司从船员的工资里扣下来，再让家属在上海总公司领取；住房困难的问题，由董华民向招商局申请，家属们听了孙美瑛和董华民的许诺而放下心来。

7月6日，董华民与汤经理亲赴香港九龙火车站，欢送183名家属返沪，孙美瑛当团长。据采访孙美瑛，由于坐的是硬座，孙美瑛又向列车长调剂了几张卧铺，让大家轮流休息。为了安全起见，孙美瑛还主动承担了船员孩子的照料工作。从广州到上海，家属们坐了三天三夜的火车，终于顺利地返回上海。招商局军管会军代表于眉和邓寅冬在局六楼大礼堂召开了欢迎大会。

7月14日，谷源松船长奉命驾驶"民302"轮首先开航，返回广州，从而，拉开了招商局13艘海轮返回祖国怀抱的序幕。

海员训练班开班背景、选址与开班日的确定

中国海员工会全国委员会前身是中华海员工业联合会，它是中国早期的产业工会之一。在俄国十月革命和中国"五四运动"的影响下，由海员中的积极分子苏兆征、林伟民等人组织，率先在英国殖民统治下的香港宣告正式成立，1921年4月6日，由孙中山先生亲笔题写会名。1926年1月5日，中华海员工业联合会在广州召开第一次代表大会。大会制定新的工会章程，改会长制为委员制，选举15人组成执行委员会，苏兆征为委员长、谭华泽为副委员长。大革命失败后，总会机关被香港当局封闭，海员总会转入地下坚持斗争。到1933年，有组织的会员仅剩下400人。

1949年6月，中华全国总工会建立海员工会工作委员会，刘达潮任主任，负责筹建恢复海员工会。同年12月在北京召开全国各地海员工会代表会议，成立中国海员工会筹备委员会。经过一年多的工作，到了1951年，海员工会已在东北区大连、华北区天津、山东区青岛、华中区汉口、华东区上海、华南区广州建立了全国六大区海员工会组织，此外，海员工会还计划成立西南区工会组织，在重庆设立机构。

海员工会组织的蓬勃发展，为海员训练班的成立创造了条件。为了加强工会工作，培养工会干部，中国海员工会筹备委员

会决定与中央人民政府交通部联合创办海员训练班，抽调一批海员骨干，进行政治教育与工会业务培训。此外，新中国初期航运业的逐步恢复，也需要大量经过政治教育培训的船员。

海员训练班成立后，参加过省港大罢工的中国海员工会主席刘达潮、中央人民政府交通部人事司司长杨安平、南京市委组织部部长刘志健、华东区海员工会主席王阿林、上海轮船业同业公会副主任钟山道曾亲临海员训练班开学典礼现场祝贺。中国海员工会组织部陈耕国部长宣布董华民为海员训练班班主任。

除了刘达潮出席了海员训练班开学典礼外，新中国历任中国海员工会主席丘金、卢杰、方嘉德，丘金在海员训练班第二期期间，曾驻校半年，亲自领导训练班的工作，制订教学计划并给学员讲课。他编写的《解放前后的中国海员》一书，给学员以深刻的教育，是珍贵的海运历史资料，方嘉德在1972年"文革"期间曾来学校任教。

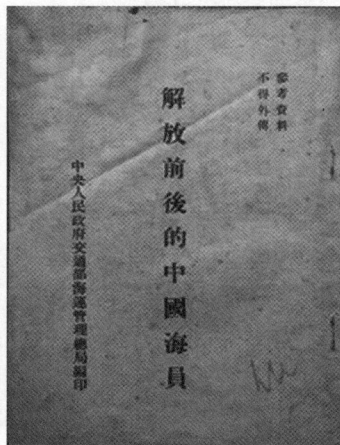

丘金编写的海员训练班教材

香港招商局13艘轮船起义船员500余人，分两批参加海员训练班第一、第二期的学习。第一批起义船员245人于1950年12月23日在招商局上海总公司集合，前往南京海员训练班，他们编入第一、第二、第三、第四队，民生等其他航运企业人员编入第五、第六队工会干部班。

当时的伪立法院宿舍共有9幢三层小楼和未封顶的大礼堂。小楼每层都有一个大厅和两间宿舍，每一期根据船员的等级编号分班，每一班分成若干小组，一层小楼为一个小组，在大厅学习或分组讨论。训练班的主要学习内容是听时政报告，提高政治觉悟；参观一些展览以及工会业务。培训内容主要有：社会发展史、工人阶级与共产党、中国革命基本问题、新中国与旧世界、两个阵营、工会的性质与任务、工会的组织、生产、劳保、文教等基本问题，以及生产竞赛、增产节约、打退资产阶级的进攻、民主改革等专题。

关于海员训练班开班的具体日期一直没有确定，之前有一个说法是：海员训练班原来选址在中山北路上的伪国民政府交通部，当时陆军大学正在此建校，经多次交涉后，海员训练班被置换到白下路斛斗巷新十九号伪立法院宿舍。从1950年12月初，曹锻、张杰等人前来南京准备开学事宜，直到开学时，陆军大学才将宿舍全部腾出。此外，由于教具以及管理干部两个多月才陆续抵达，直到1951年2月22日，海员训练班才在大仁中学礼堂举办了第一期开学典礼。

确认开学典礼的时间由于受到疫情的影响——多次联系交通运输部档案室查阅档案未果，开学典礼的时间一直没有找到相关历史资料加以佐证。直到我去中远海运（广州）有限公司查阅档案资料，意外找到了一张海员训练班开学典礼的照片，才最终确定了海员训练班的开班日为1951年1月22日。

谷源松（前排中）、姚淼周（前排左二）在海员培训班开学典礼上

在学校档案室，我发现了一份海员训练班发给当时的华南区海运局的函，提到海员训练班派谷源松等29人结业后要派往华南区海运局工作，为了

　　查找这份29人的名单，我联系了中远海运（广州）有限公司，并于2020年9月底前往广州。在中远海运（广州）有限公司，虽然没有找到这份名单，但却意外地发现了一张海员训练班开学典礼的照片，这张照片拍摄于海员训练班大门前，门楣上方挂着横幅，横幅上写着：中央人民政府交通部、中国海员总工会海员训练班，横幅上方插着十面五星红旗，照片的左侧标注了几行竖式的文字：中央人民政府交通部、中国海员总工会海员训练班开学典礼第一大队第九小组全体学员摄影纪念，落款时间是1951年1月22日。此外，还有谷源松、张震、包鸿德、吴业泰、姚淼周、陈华生的签名。

　　至此，在我编写校史的过程中，为什么要创办海员训练班、海员训练班为什么选址在南京，以及海员训练班开班日的疑问得到了初步的答案。

两棵梧桐树

这里讲述的不仅仅是两棵梧桐树的故事。

1951年，中央人民政府交通部和中国海员总工会在南京创办了海员训练班，1月22日这一天，海员训练班举行了开学典礼。70年后的今天，为了迎接校庆，学校本计划在1月22日这一天，邀请部分起义船员的后人来学校参加联谊活动，但是后来，由于受到新冠疫情的影响，学校改变了原来的计划，决定将我们收集到的珍贵史料，首次举办一场海员训练班开班70周年珍贵资料与图片展览。为了此次纪念活动，学校邀请了"海辽"号大副席凤仪之子席振洲和"鸿章"轮船长蔡良之子蔡振烨来到学校，并在活动现场，接受两位起义船员家人捐赠的珍贵历史实物。

于是，我将这段时间收集到的史料进行整理，在选取图片的时候，我发现"海厦"轮二副周寿显的一张当时在"海厦"轮上拍摄的照片像素不高，为了保证展览达到预期的效果，我请目前生活在美国圣地亚哥的周寿显儿子周志，帮我将那张照片重新翻拍后发给我。周志很快答复我，照片都在他姐姐那里，他已经向姐姐求助了。"只要找到，立即转发给你。"

过了几天，周志从大洋彼岸给我发来了几张老照片，其中，有一张拍摄于冬季的照片，周志的父亲周寿显站在院子里的雪地上，右侧是一排三层的楼房，左侧是刚刚垒起来的雪人，身后是一座尖顶凉亭和两排三层尖顶的建筑，凉亭边还有两棵伸出枯瘦枝桠的梧桐树。对于这张照片，周志和他姐姐都不能确定是不是在海员训练班学习时的留影，他请我帮忙落实确认一下。于是，我翻出我收集到的一些海员训练班的老照片进行比对，学员们都是双排扣的短棉袄，头戴着解放帽。从这些统一的过冬服装，我可以确定就是周志父亲在海员训练班学习期间的留影。而这张照片是否就是在海员训练班校园里拍摄的呢？曾在海员训练班学习过的民生公司"怀远"轮轮机长卢学庭，他的儿子卢铭安曾传给我几张海员训练班为数不多的，带有校园内景的照片，经过比对，两者建筑风格一致。由此，我可以判断，周志发给我的这张照片，拍摄地点就是在海员训练班的校园里。

周寿显在海员训练班校园留影

我将照片发给了学校工会的郭老师，并将我的判断告诉了她，她仔细看过后肯定了我的判断，并且，告诉我，周寿显背后的二排三层建筑是复兴巷五号，他右侧的建筑被称作5号楼，大概在1995年拆除的。我也将照片发给了"鸿章"轮二副林树伟的儿子林仲文，请他帮我考证一下。林仲文一家曾在学校大院生活了很多年，直到20世纪70年代，才去了香港定居。他看了照片后也发来了他所知道的情况：20世纪50年代初，南京的冬天肯定有不止一场较大的雪的。如果周寿显参加的是1951年1月至6月的海员训练班第一期，这肯定就是在南京了。而周寿显拍照的位置应该是五号楼(照片左侧)与六号楼之间的空地，而背后是二号楼(亭子后面)和三号楼。五号楼和六号楼之间的空地曾是运动场所，有跑道和沙坑，后来可能觉得那亭子碍事，就把它拆了，1955年后就看不到了。而1955年，正是学校从斛斗巷向南扩建到白下路，而那座漂亮的凉亭，恰在学校扩建成初级航海学校时期被拆掉了。林仲文记得在全家下放宿迁之前，他家就住在周寿显背后的那座三号楼的二楼，那是解放前夕刚刚建成的伪国府立法院宿舍，当时还未来得及入住，在解放后改成了海员训练班。我曾在海员训练班工作总结中找到有关海员训练班选址的描述：1950年12月初，"派曹锻、张杰等同志前来南京准备开学事宜。自十二月七日起，经多次交涉，到开学时陆军大学才全部腾出伪立法院宿舍（白下路斛斗巷新十九号），"作为海员训练班的校址。当时伪立法院宿舍正处在建设还未完工阶段，除了"新三层楼房大小八幢，旧二层楼房一幢，平房六所"之外，还有"未建成之钢骨水泥楼房一幢（只有一层改作礼、食堂），厨房一所"。林仲文告诉我，宿舍里的生活设施，还是很齐备的，在当时，就已经有独立的厨房和安装了抽水马桶的卫生间了。

之后，根据周志的父亲周寿显身后的那两栋楼和两棵梧桐树，林仲文初步判断周寿显所站的位置应该是现在刚进校门的雕塑附近。没过多久，林仲文凭着记忆热心地帮我画了一张校园平面图，将周寿显拍照的位置标注了下来。

第二天，我利用陪同"鸿章"轮船长蔡良之子蔡振烨回访海员训练班旧址的机会，进行了实地查看。我找到了照片中的那两棵梧桐树，虽然树干粗壮了很多，枝杈也不像过去那么稀疏，但是，依然保持着七十年前的模样和长势。我以这两棵梧桐树作为参照物，不断调整自己的站位，最终确定了周寿显拍照的大致位置，是在一进校门后左侧的螺旋桨雕塑附近，由此，确定林仲文、郭老师和我的判断是完全正确的。

我将我们三人的判断、模拟现场位置拍的照片和林仲文画的平面图一起发给远在大洋彼岸的周志。周志看了后感慨万千："那张姐姐找到的照片正是爸爸在学习班时拍的！没想到南京会冷的下雪，让我感觉一阵阵的心酸，眼泪也快流下来了。"同时，周志感谢我们的付出并与他一起分享他内心涌起的感受！

七十年斗转星移，物是人非，曾经的斛斗巷早已湮灭了踪迹，复兴巷5号也已成了岌岌可危的险房，唯有这两棵梧桐树，默不作声，依然健硕和茂盛……

"海辽"号船员与海员训练班

　　1949年9月，"海辽"号冲破国民党海上重重封锁，历经8天9夜海上航行，最终抵达解放后一直由苏联军队控制的大连港，成为第一艘起义的招商局海轮。"海辽"号起义的成功，极大地鼓舞了广大海员起义的决心，直接影响和带动了招商局13条海轮在香港的起义，以及"海玄"轮在新加坡、上海油轮公司所属的"永灏"轮在香港的起义，掀开了之后民生、中兴、海鹰、新大陆、华胜、安达、民新、志新等8家民族资本航运公司33艘江海轮船，从香港和海外纷纷北归，书写了这波澜壮阔的一页。

　　海员训练班开学典礼是1951年1月22日，"海辽"号起义的时候，海员训练班还没有在南京建立。那么，"海辽"号起义的这部分船员去向哪里？是否参加了海员训练班以及之后的学习？特别是当年由船长方枕流、大副席凤仪、二副鱼瑞麟、报务主任马骏组成的"海辽"号起义骨干。

　　后来，我在寻找到了"海辽"号大副席凤仪的儿子席振洲时，了解他父亲席凤仪起义之后的经历，也向他咨询了其父亲是否参加过海员训练班学习的情况，席振洲没有给我肯定的答复。但是，席振洲告诉我：他好像一直有个印象，他父亲是直到1953年才回到上海的家里。好像从起义到他父亲回来的三年，家里是很难的，没有经济来源，有点像失业一样。不过这一段时间他究竟在哪里，干了哪些事，实在是不知道，因为那时候他还小，只有五六岁。1953年他父亲回到上海后上了船，同样是任大副。据说，当时在学习时，组织上说好的，起义回来后享受原职原薪。也就是说，他父亲是不是去海员训练班学习，他不知道，以前的资料里也没有发现过。席振洲感觉他父亲在这个时间上应该是有这个空档的，他也希望我能将他父亲这一段时期的经历帮他查一下，他略显歉意地表示：如果他以前多关注一点，现在就不用我那么操心了，也不用那么麻烦了。

那么船长方枕流是否曾经参加过海员训练班学习？在学校编印的《校友录》海员训练班第三期名单中，有"方枕亚"一名，它是否就是"海辽"号船长"方枕流"名字的笔误？我从网上找来了方枕流的介绍进行比对，起义之后，1950年5月任大连航务局航务处副处长，1951年8月1日，在天津任中波海运公司航运处处长，1955年5月，去广州任中波海运公司黄埔办事处主任、航运处处长。1956年5月，方枕流任广州远洋运输公司副经理。而海员训练班第三期是1952年的1月至7月，这一时期，方枕流正在中波海运公司任职航运处处长。于是，我致电中波轮船股份公司党委工作部的陈晓波女士进行核实。陈晓波女士查阅了公司的档案后，没有找到方枕流的人事档案，公司的

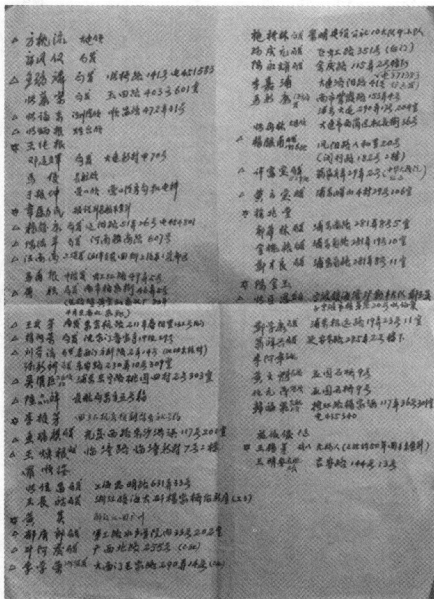

"海辽"号船员通信录（席凤仪手稿）

文书档案中也没有发现方枕流海员训练班的相关经历。但是，她告诉我，据她所知，当时的中波海运公司的船员在上船之前都是要经过海员训练班学习的。

种种迹象表明，虽然没有大批组织"海辽"号起义船员来海员训练班学习。但是，我坚信，在海员训练班学员中，应该是有"海辽"号起义船员

的。而这一点，在我去任老校长家拜访之后，最终获得了确认。

任老校长很早就在学校工作，对学校的历史颇为了解，由于任老校长搬了新家，又找到了一份1972年由他手刻油印的"制图讲义"，想捐给学校，12月25日，我去拜访了任老校长。

在任老校长家里，他将那本50年前自己刻印的，如今依然保存完好的"制图讲义"小册子交到了我的手上。任老校长告诉我，他是北归船员，1952年参加了海员训练班第四期的学习，之后，长期在学校工作。任老校长说，在海员训练班学习的学员中，除了招商局起义的船员，还有不少不属于起义的北归船员。他还给我提供了谢梅生、富宝琳等几个北归船员在海员训练班学习的名字。我也发现了这种情况，并且，告诉任老校长，一位民生公司的船员叫卢学庭，他是"怀远"轮的轮机长，北归回国后，到了海员训练班学习。这个信息是我查找中波海运公司"哥德瓦尔德"轮被劫持事件，与卢学庭儿子卢铭安取得联系时，卢铭安告诉我的。我向任老校长询问了是否有"海辽"号起义船员在海员训练班学习的情况，但由于年代久远，任老校长也记忆不清了。

从任老校长家出来，我便在学校编的《校友录》海员训练班第四期学员名单中寻找，很快找到了任老校长的名字。同时，我意外的发现了一个熟悉的名字——张慕忠。而这个名字，不正是"海辽"号三副张慕忠吗？这是我发现的第一个在南京海员训练班学习的"海辽"号船员！找到第一个在海员训练班学习的"海辽"号船员，围绕着张慕忠是否能找到更多佐证，最终揭开所有疑问？

张慕忠在"海辽"轮驾驶台船桥上

我开始寻找张慕忠家人的工作，很快，我从吴长荣老先生留下的通信录找到了张慕忠的住宅电话，我拨通了电话，接电话的是张慕忠的儿子张崇海。1949年，"海辽"号起义的时候，张慕忠只有20岁，大学毕业在"海辽"号上实习，刚刚提升为三副。张崇海告诉我，当时，大连由苏联管辖，他父亲随"海辽"起义之后，也就离开了大连到了青岛，之后，辗转回到了上海，从事了一段时间的岸上工作之后，又再上了船。张崇海问了他父亲在海员训练班学习的经历，张慕忠老人已经记不清楚了。我给张崇海发去了"海辽"号起义后全体船员的合影照片，询问他父亲张慕忠的位置，经健在的张慕忠老人辨认，很快确定了70年前照片上"海辽"号部分起义船员的名字：大副席凤仪、二副鱼瑞麟、三副张慕忠、事务长韦励民、业务员杨骏康、陈德本。

我询问张慕忠老人身体状况如何？张崇海告诉我，老人身体还不错，疫情之前还经常在小区转转，疫情之后，就不怎么出门了。我提出电话采访老人的想法。"毕竟90多岁了，老人思想无法保持长时间的集中。"张崇海建议我，列出几个想要提的问题，在合适的时候，由他来与老人交流。于是，我列了：评功会后，政府对"海辽"号起义船员工作进行了怎样的安排等几个问题发给了张崇海。

过了一段时间，张崇海邮件回复我："海辽"号到大连后在船上过的国庆节，之后全体船员下船入住"东方饭店"，船由地方人员接管，在庆功后（大约1个月），全体船员回上海探亲，1950年"海辽轮"已改名"东方一号"航行大连青岛航线，到1953年上海海运局成立再回上海。南京海员训练班也在这个时期，听父亲说，其间发生了很多事，年代久远记不清了！但看训练班名单也有"海辽轮"同事。

至此，我基本可以确定，"海辽"号起义船员虽然没有参加南京海员训练班第一期的学习，之后，他们还是陆陆续续参加了后面几期的学习。在广州，我采访到了曾任"永灏"轮联络员的卓东明老先生，关于学校的历届校友名录中的"方枕亚"是不是方枕流弟弟的问题，卓老明确给予了否定。卓老告诉我，方枕流的弟弟不姓"方"，很早就过继给了他的一个亲戚，方枕流弟弟也是一个船长，姓林。因此，海员训练班第三期名录中出现的"方枕亚"极有可能就是"海辽"号船长方枕流！

最终的答案越来越近了……

海员训练班旧址的保护

白下校区，东起斛斗巷，西至复兴巷，北起五福巷，南至白下路，校园里现存有清末民初一座"小姐楼"和校园西侧复兴巷5号的几栋民国建筑。由于这里曾是海员训练班的旧址，每一次起义船员的家人来学校，我都会带他们去这里看一看这几栋仅存的建筑。

这里曾是明代襄诚伯府，清代康熙年间为靖逆襄壮侯张勇府第，而到了清同治时期，由张佩纶购得居住。张佩纶在福建马尾中法海战失败后，被李鸿章纳入麾下作幕僚，并将女儿李菊藕许配给他。夫妇俩一直寓居这里，直到1903年和1912年，张佩纶和李菊藕先后去世。夫妇俩在此育有一子，名叫张廷重，1918年，张廷重在此迎娶了清末长江七省水师提督黄翼升的孙女黄逸梵，之后举家迁往上海，其女张爱玲是民国时期著名的作家，与丁玲、关露并称"上海滩三才女"。

据说当时府第占地有150余亩，原有三幢建筑，呈品字形分布，南侧一幢为主楼，东西两楼各连着一个花园。张佩纶将东楼命名为"绣花楼"，专为李菊藕居住，也就是后人俗称的"小姐楼"。到了张爱玲父母时期，家道已逐渐败落。1927年，国民政府立法院择此办公（后迁至鼓楼的双龙巷）。据民国叶楚伧撰

《首都志·街道》中记载：立法院街，原称斟斗巷，立法院在此。张侯府在大中桥襄府（张勇封靖逆襄壮侯，故名）巷内，盖前明襄公诚伯故府，为桐城刘氏赁居之，侯讳勇，康熙间以征三藩功封侯世袭。

民国初年，这所宅第还有数十间完整的房屋和一座幽雅的花园。曾多次驻军，建筑已遭到损坏，立法院建钢筋混凝土楼房，又拆去一些房屋，抗日战争期间，上海胡适等创办的中国公学部分校友在此复校，旧建筑除了西侧花园尚余书室数间，已所剩无几。

2021年1月20日，学校"举办海员训练班开班70周年珍贵资料与图片展"，活动结束后的第二天，我便陪同蔡振烨及其侄女前往海员训练班旧址参观。蔡振烨的父亲蔡良，也就是"鸿章"轮船长起义后，作为海员训练班第一期学员，曾在这里学习和生活过半年。

此时，校园西侧的几栋旧楼已成了危房，架满了脚手架，我担心这几栋楼会被拆除，1月22日，便向学校提出与南京市区文物保护单位联系，对海员训练班旧址上仅存的复兴巷5号这几栋民国建筑加以保护的建议，在得到学校党委刘书记以及王副书记的首肯后，我开始与南京市区文物保护单位进行联系。通过咨询得知，南京市每年都会发布文保单位名录，作为申请单位一定是建筑物的产权单位，同时，携带建筑物的产权证、图纸，以及能够证明建筑物历史沿革的相关材料，到市区文旅局办理申请手续，由文旅局组织专家进行鉴定审核。

蔡良之子蔡振烨在海员训练班旧址

我手上最早的校园平面图纸是1956年11月初级航海学校扩建时的图纸，而其前身是中央人民政府交通部和中国海员总工会联合创办的海员训练班。海员训练班当时选址的地方属于国民政府立法院。我找到1936年版的民国南京市地图，经比对发现，立法院大门在斟斗巷，最南面并未至白下路。解放前夕，国民政府立法院正在此处建宿舍，工程尚未完工，据我了解，校园西侧的复兴巷5号几栋建筑正是这一时期建设的，所以，国民政府立法院档案中应该有建设图纸，而南京第二历史档案馆保存着大量民国时期的历史档案，我致电南京第二历史档案馆预约查档事宜，被告知查阅档案需要单位介绍信和身份证，目前，即将临近春节，档案馆已经关闭了网上预约功能。我又寻问了春节后的预约查档的开放时间？对方告知2月18日春节假期结束，并且，预约成功后，大约经过15天左右等待通知后可以查档。

2021年1月18日，住房和城乡建设部刚刚发布了《住房和城乡建设部办公厅关于进一步加强历史文化街区和历史建筑保护工作的通知》，通知的主要精神是：在城乡建设中做好历史文化街区和历史建筑的保护工作，进一步采取措施，加大保护力度，坚决制止各类破坏历史文化街区和历史建筑的行为，为老百姓保留城市历史文化记忆。

海员训练班是新中国成立后，中央人民政府交通部和海员总工会联合创办的第一所海员政治学校。重庆舰起义官兵、招商局起义海员，以及8家民族资本航运企业北归船员，都在海员训练班留下了身影。王俊山、刘维英、谷源松、罗秉球、蔡良、杨惟诚、张文豪等起义船长以及一大批起义高级船员，还有被誉为"东方鲁滨逊"的沈祖挺、"新中国第一位远洋船长"的陈宏泽，都在海员训练班学员名单中。可以说，海员训练班不仅是招商局起义的历史传承与延续，更是新中国航运业发展的发轫与开端。

加强对海员训练班这一历史文化街区以及复兴巷5号历史建筑的保护，已经迫在眉睫！

陈宏泽海员训练班学员身份之谜（上）

1959年，印度尼西亚掀起一股排华浪潮，国务院为此成立了"中华人民共和国接待和安置归国华侨委员会"，由廖承志任主任，负责接待和安置归国华侨工作。当时我国没有组建完全属于自己的远洋船队，政府决定在国际航运市场租船，接运自愿归国的印尼华侨。交通部远洋运输局驻广州办事处刚刚成立，于是，办事处承担起了船舶的租用、管理和船员的安排工作，交通部远洋运输局也抽调了在捷克船工作的顾民毅船长指挥、调度租来的十几艘苏联等国外商船，同时，在当时我国经济状况困难的情况下，花费26.5万英镑从希腊船东购得已是报废的船舶——"斯拉贝"客货船，经过修理后，改名"光华"轮，作为接运华侨使用。"光华"轮先后13次前往印尼，学校毕业生胡宝生、李明胜、张乐君、顾富生、李新东、戚师泉等人在"光华"轮上直接参与了赴印尼接侨工作。

1961年4月28日，广州远洋运输公司成立的第二天，"光华"轮起航前往印尼的雅加达，开始了它的处女航。"光华"轮是第一艘悬挂五星红旗的远洋船，标志着新中国远洋事业发展的开端，首任船长陈宏泽也因此被誉为"新中国第一位远洋船长"。

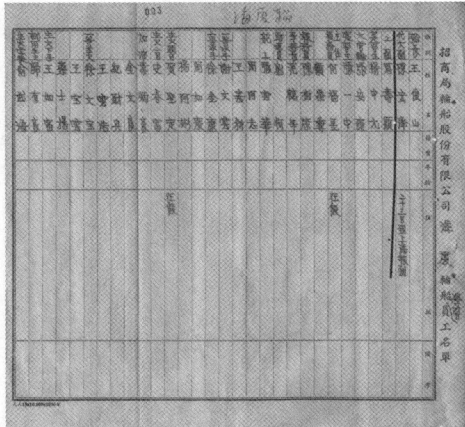

陈宏泽在"招商局赴南京学习船员名单"上

陈宏泽曾作为"海厦"轮代理大副，参加了香港招商局13条海轮的起义。起义船员回到广州后，分两批参加了海员训练班第一、第二期的学习，结业后，分配到当时的华东区、华南区海运管理局和中波海运公司工作。在撰写校史初期，我手头上并没有一份权威性的海员训练班起义学员名单，为此，我在2020年9、10月，两次前往广州、深圳。在我第二次前往广州、深圳，终于在深圳的招商局博物馆获得了一份"招商局赴南京学习船员名单"，一共245名起义船员，其中名单上赫然出现陈宏泽的名字。在这份名单中，招商局轮船股份有限公司所属"海厦"轮起义船员34人，陈宏泽的"职别"为代大副，地址一栏标注了"二十三日到上海报到"，随"招商局赴南京学习船员名单"附有一份"广州赴宁学习海员报到须知"。"报到须知"中第一项规定的报到时间是十二月二十三日，这与名单地址一栏标注的陈宏泽报到时间相吻合；第二项规定的报到地点为"二楼工会会议室"；第四项制订了详细的报到学员乘坐江轮"由沪赴宁组织办法"，集合地点在招商局第三码头"金利源码头"；第六项明确了在"二楼工会内，设立了广州来沪海员联络站"，专门处理"个别接洽事项"。从"报到须知第二、四、六"三项规定可以确定赴宁学习船员集合地点在上海，也与陈宏泽的报到地点吻合。

那么，为什么陈宏泽地址一栏有"二十三日到上海报到"的标注？有一种可能是陈宏泽当时不在广州，他可能没有随在广州的起义船员一起前往上海，而是自行前往上海集合。这一种情况，与其他船员地址一栏的"在假"标注是一样的，譬如，"民302"轮船长谷源松在赴南京学习船员名单中地址一栏标注的是"在假"。根据我们寻访到谷源松的长孙谷宏庆后，经过对其捐赠11张历史照片的研究，其中一张谷源松在济南大明湖留影的照片，背面备注文字：1950年12月22日由青赴宁学习，经济南游大明湖。与谷源松在"招商局赴南京学习船员名单"中的"在假"相吻合。

那么，组织上是否对陈宏泽有其他安排，最终，没去海员训练班学习？我认为，在当时，这一批船员"赴宁学习"是一项组织严密、极其严肃的政治工作，在所列名单中的船员，如果没有特殊工作需要或任务，必须按要求报到参加海员训练班学习的。如确有特殊工作需要或任务，一定是经过组织同意批复的。例如，我在招商局博物馆曾找到一份关于调查海员训练班学员苏字元病情函，函中提到海员训练班学员苏字元，结业到职后，因事请假一天回上海家中，之后，请病假一直未返，用人单位浦口码头抢修工程委员会，特致函海员训练班派人前往上海，对"苏字元请病假滞留上海不返事宜"进行组织调查。而目前，并没有发现有关"陈宏泽不去海员训练班学习，另有安排"的组织批复材料。

综合以上依据和理由，我推断：陈宏泽为南京海员训练班第一期学员。这是一个崭新的发现，起义回国后，陈宏泽随第一批赴宁起义船员参加了海员训练班学习，这在以往的资料里，都没有任何记载。

为了求证这个发现，我首先想到的是查阅陈宏泽的人事档案，如果陈宏泽参加了海员训练班学习，在他的人事档案中，应该有海员训练班学习总结书等相关材料，其履历中也会体现。为此，我曾致电广州中远海运特种运输有限公司档案室，请求协助查找陈宏泽的人事档案，得到的答复是：公司没有陈宏泽的人事档案，他们也在寻找。陈宏泽一直任职在广州远洋运输有限公司，按常理他的人事档案应该在。我又试着与中远海运（广州）有限公司、招商局档案馆联系，答复也是没有。这就奇怪了，难道陈宏泽的档案遗失了？

于是，我上网搜索陈宏泽的相关资料，发现在所有陈宏泽履历的介绍中，唯独缺失了从起义回国至"光华"轮首航印尼接侨这10年。陈宏泽后来去了由广州远洋运输公司与招商局集团合资的友联船厂任职，直至去世。难道他的人事档案在香港的友联船厂已经遗失？如果我的发现能够得到确认，则将填补陈宏泽这10年中一段履历的空白。

找不到陈宏泽的人事档案，我开始在目前健在的同期海员训练班学员、陈宏泽的老同事、家人，以及其他老学员档案中海员训练班学习总结书中寻找佐证材料。我首先找到在广州与陈宏泽共过事的、正在计划撰写《陈宏泽传记》的卓东明老人，向他询问陈宏泽是否曾在海员训练班学习的经历？他告诉我，在香港起义和回到广州，他和陈宏泽多有联系，但对他是否在海员训练班学习的经历不甚了解，同时，他也帮我联系了一位参加第一期学习的学员张俊年老同事（92岁），据张俊年回忆说当年他在学习期间未见到陈宏泽。

我曾与"鸿章"轮二副林树伟之子林仲文，谈到陈宏泽海员训练班学员身份的问题，林仲文父母目前都健在，他告诉我，他曾听说陈宏泽是地下党，在起义中很积极，是骨干分子。林仲文认为，陈宏泽大概率在1949年左右就入了党，成了起义骨干分子，否则不会20世纪60年代成为"光华"轮首任船长，也不会在改革开放前就外派友联船厂做老总。他推断陈宏泽不在海员训练班学习是因为他已经是党员兼领导小组成员，无须和学员一起政治学习。林仲文还告诉我，他父母1951年在海员训练班结婚的，据他母亲回忆，陈宏泽在婚礼现场很活跃，因为，林仲文母亲也是广东人，所以有印象。当时他父母的婚礼是组织上办理的，陈宏泽在海员训练班不是学员的可能性也存在，毕竟他是党员，很可能是组织者。

后来，在上海，我找到了"邓铿"轮起义船员，同样也是参加了海员训练班第一期学员的95岁刘维杰老人，在去他家拜访时，我特意问了老人，在海员训练班是否看到过陈宏泽？老人仔细想了想告诉我：记不清了。

同时，我在所有收集到的起义船员在海员训练班学习的人事档案中，仔细寻找，没有发现陈宏泽留下的印章、签名等痕迹，在学员当时的照片和自传中的描述，也没有发现陈宏泽的影子。我找到了陈宏泽儿子陈海伦的联系方式，多次与他电话联系沟通，希望能有所发现，然而，陈海伦却以当时年纪尚小，不记事为由拒绝了。我又致电与陈宏泽共事多年的卓东明老人进行沟通，依然没有改变。卓老告诉我，陈海伦当时只有2岁，估计确实也不了解。卓老还提到为编写陈宏泽船长一书曾和海伦谈过多次，开始还有沟通，后来（可能他母亲的原因）就表示免谈，或不清楚。原因估计是陈船长一生无论在船上工作，或在香港工作都很少顾家，他老伴对此一直有所不满。

本来与卓老约好2021年1月初，再去广州，一方面拜访卓老帮忙找到的几位目前健在的海员训练班学员，另一方面，我也想再做最后的努力，与陈海伦能够见面，核实陈宏泽海员训练班学员身份的问题。可是，由于新冠疫情的影响，未能成行……

陈宏泽海员训练班学员身份之谜（下）

　　受到新冠疫情的影响，前往广州核实陈宏泽海员训练班学员身份的计划不得不推迟到春节以后。3月1日，开学伊始，我便一头扎进了档案室，除了为校史馆的展陈和《图"话"校史》准备资料外，更希望能够在尘封已久的历史档案中，寻找到陈宏泽曾在海员训练班学习的一丝痕迹。年初，我曾在中远海运（广州）有限公司1954年《广州海运局全局职工名册》档案资料中，找到陈宏泽曾任"南海169"轮船长一职的材料，而这正是在陈宏泽起义回国至"光华"轮首航这10年期间，而他在担任"南海169"轮船长之前，依然缺乏他在海员训练班学习足够的佐证材料。

　　在档案室两天查档，并未有新的发现，第三天，我眼睛偶然扫过墙上已经褪色的展板，发现展板中竟然有很多学校早期珍贵的历史照片，其中，就有一张海员训练班第一期开学典礼全体学员和工作人员在校园拍摄的纪念照片，这是一张600多人的大合影，拍摄于1951年1月22日海员训练班开班日，岁月的剥蚀，照片右侧的一部分已经霉变，完全失去了影像。我突然想到，我不是正在寻找陈宏泽海员训练班学习的痕迹吗？如果陈宏泽参加了起义船员第一批赴海员训练班学习，那么，他就应该出现在这张开学典礼的照片中，顺着这个思路，我开始寻找制作展板的原始资料，并且很快找到了照片的电子版。照片的清晰度很高，虽然人数众多，但除了被岁月剥蚀掉的，每个人的影像都很清晰。于是，我从这600多人中寻找陈宏泽的身影。

"国"字脸，高颧骨、厚嘴唇，典型的广东人长相，这是陈宏泽的相貌特征。经仔细辨认，在这张大合影居中靠右侧最前排席地而坐者中，我找到了与此相貌相似一位。我拿出招商局博物馆提供的一张陈宏泽同时期的和在"光华"轮任船长的照片，经比对，相似度很高。

我将海员训练班开学典礼的大合影和招商局博物馆提供的陈宏泽半身像一起发给了卓东明老人，请他辨别，他看过后回复我，有点像，特别是眼睛，但

海员训练班开学典礼上的陈宏泽

脸下部就不太像了，他建议我来广州时，再请陈宏泽的儿子陈海伦辨认一下。

假设这人就是陈宏泽，依据"招商局船员赴南京学习船员名单"，陈宏泽随第一批245人参加了海员训练班学习，再依据"广州海运局全局职工名册"，陈宏泽学习结业后，被派往当时的华南区海运管理局工作，任职"南海169"轮船长。在学校档案室里有一份当时海员训练班学员结业被派往华南区海运局工作的函，函中提到"附上源松等29人名单及新津单一份请查收"，由于历史的原因，这29人的名单在档案室里没有找到，后来，我去中远海运（广州）有限公司查阅档案的时候，也没有发现这份名单。如果陈宏泽在海员训练班学习结束后被派往广州工作，那么，陈宏泽极有可能就在这29人的名单之中。

根据我掌握的招商局船员赴南京学习船员名单和海员训练班开学典礼合

影，完全可以确定，陈宏泽起义回国后，参加了海员训练班第一期的学习。我给中远海运（广州）有限公司档案中心的李女士发去信息，请她帮忙查找相关名单，李女士很快回复我：最近中心有同事退休，我们在接替新的工作，而且近期查档的工作也比较多，所以还请老师抽空来档案中心查阅，我们会尽力配合提供相关的资料。

为了最终解开陈宏泽海员训练班学员身份之谜，我决定尽快前往广州。除了拜访与陈宏泽共事多年、正在编写《陈宏泽传记》的卓东明老先生、目前找到的还健在的海员训练班起义学员，以及争取和陈宏泽的儿子陈海伦见面。

3月15日，我乘坐航班飞往广州，下了飞机，在宾馆安顿好，我便直奔卓东明老先生在越秀区执信南路上的家，卓老满头银发，虽然已经91岁了，但精神矍铄，身体很好。我首先拿出那张海员训练班第一期开学典礼合影，请卓老辨认那位疑似陈宏泽的人，卓老看过后说很像，因为陈宏泽是广东人，而那人眼睛深陷，又颧骨突出，是典型的广东人的特点。我向卓老提到"鸿章"轮二副林树伟之子林仲文说过，陈宏泽好像是地下党。卓老听后，明确给予了否定，卓老告诉我，他本人是1953年入的党，而陈宏泽入党的时间，卓老记得很清楚，是稍稍在他之后，大概是在1954年。关于陈宏泽，卓东明还讲到一个故事，13条海轮起义回到广州后，被分散停靠在珠江，为了防止敌机轰炸，因此都进行了伪装。这一段时间，船员们无事可做，卓东明就遵照董华民的指示，在沙面举办了船员运动会，卓东明回忆当时的情景：陈宏泽是大明星了，每项运动都参加了，篮球、排球、足球、游泳，他每一项成绩都排在前面。

陈宏泽什么时候离开了广州海运局？带着这个疑问第二天，我前往中远海运（广州）有限公司，查到了一份当时中共中央华南局组织部发给华南区海运管理局的文件，内容是借调陈宏泽工作的事情，文件签发时间是1958年的3月29日，正是交通部远洋运输局为发展新中国远洋事业，在广州成立办事处的时期，之后，他担任了新中国第一条远洋船"光华"轮的船长。在中远海运（广州）有限公司档案中心，虽然很遗憾，没有找到我想找的那份29人名单，但不影响我对陈宏泽海员训练班学员身份的认定。

半年之后，2021年8月2日，卓东明老人在中远海运特种运输有限公司文书资料中找到一段陈宏泽的简历："该同志自1950年起先后任香港招商局船舶大付、南京海员训练班学员、广州市人民轮船公司大付、广州海运局南海船舶船长、中国远洋运输公司广州分公司船舶船长等职。"

起义回到广州后，陈宏泽完成"海厦"轮交接工作，之后，在上海与12月23日报到的起义船员汇合，前往南京。1951年1月，陈宏泽参加了海员训练班第一期学习，结业后，被派往华南区海运管理局，之后，任"南海169"轮船长，1958年3月，借调参与远洋运输局广州办事处工作，1961年4月27日，广州远洋运输公司成立，第二天，"光华"轮首航印尼雅加达，陈宏泽担任"光华"轮的首任船长。至此，从起义回到广州至"光华"轮首航，陈宏泽的履历的10年空白，最终得到填补。

董华民助手杨再新其人其事

　　王世清是学校79级校友，他收藏的关于南京长江大桥的专题曾被中央电视台、江苏电视台报道，他对郑和航海文化也颇有研究，他是最早发现南京龙江船厂遗址、南京石头城遗址的人之一，使他在收藏界名声鹊起。一次偶然的机会，我得知他收藏了一块清朝时期"轮船招商局"的金字招牌，于是，我陪同学校宣传部长前去拜访了他。在他的工作室，我们如愿看到了那块金子招牌。王世清藏品异常丰富，除了与郑和航海文化相关的藏品外，有关学校的藏品也不少，在听了我对学校历史的介绍后，他告诉我，他有中国海员干部学校的一套工程项目合同藏品，暂时不知道放在哪里了，我们即将离开的时候，王世清答应帮我找一找。

　　过了几天，王世清校友很兴奋地告诉我，那一套工程项目合同资料找到了！我请他拍照给我，随后，他拍了照片发给了我。这是中国海员干部学校改为初级航海学校时期计划扩建的一套工程项目合同，令人兴奋的是，除了这套珍贵的合同资料，竟然还夹了5页杨再新的干部登记表等个人相关材料。杨再新曾作为军代表董华民的助手，一起去香港参与了起义船员护产斗争的，回到广州后，又跟随董华民一起到了海员训练班。这5页的材料分别是填写于1949年1月26日的"干部登记表"、3月7日填写的

"华中大学第四部学员登记表"、落款是3月12日的杨再新个人的"学习小组评议材料",此外,还有两页材料没有标注时间,一页是写在中央银行淮阴分行便用笺上,内容是一队10组学习小组杨再新的个人简介,另一页应该是杨再新申请工作的自荐材料。

在杨再新填写的"干部登记表"中,详细介绍了他在1949年1月18日,从国立交通大学离开,由"华中区真武联络站张中一带领,走上海、镇江、扬州、砖桥、金司庙、兴化、宝应而来",于1月26日抵达目的地的过程,目的是"学习,再为新中国的诞生而工作"。杨再新的这份干部登记表,除了登记了他的父母、二伯、妹妹几个家庭主要人员外,还登记了杨再新从1927年9月11日出生到1949年1月18日离开国立交通大学的重要事件,可以说是杨再新的"一生大事年表"。那么,杨再新为什么从上海前往苏北的解放区?从写在中央银行淮阴分行便用笺上的杨再新的个人简介可以看出,其中的原因是"在交大参加校内航海学会进行群众工作,因大捕人,故通过同学关系介绍来此。"

在杨再新个人的"学习小组评议材料"中,提到杨再新"到校时间是2月2日,共同生活日期15日"。学习小组从学习态度、生活作风、劳动观念、遵守纪律、主要优缺点5个方面对杨再新进行评议,由小组成员方文举、孙东、屠一夫、周璟等8人以及他本人签名后,经队部鉴定,辅导员胡斌签署同意,报班部李铮、邓洁签名确认。

这应该是杨再新在华中大学第四部学习时期的一套档案资料。根据"中央银行淮阴分行便用笺",我猜测:当时的华中大学校址应该在淮阴。于是,我上网搜索"华中大学""淮阴"等关键词,很快获得了这一时期苏皖边区政府,

杨再新的干部登记表

曾经在淮阴创办过抗日军政大学第四分校（雪枫军政大学）和华中局创办的华中建设大学。前者相继改名为华中雪枫大学、华东军政大学、第三高级步兵学校。1952年2月，改建为中国人民解放军总高级步兵学校，即现在的南京陆军指挥学院。而后者华中建设大学创办于1945年的淮安市，是华中解放区培养革命干部和建设人才的新型大学，学员除了淮南、淮北、苏中、苏北等根据地抽调的干部和保送的知识青年，上海、南京等沦陷区的地下党也选送一批地下工作者、职员、大学和高中学生来学校学习。根据杨再新的学生身份，材料中的"华中大学"极有可能就是华中局创办的华中建设大学。

那么，杨再新在"华中大学"学习结束后，是否就去了上海军管会？在杨再新的这套档案材料中，有一页是他"申请工作的自荐材料"，内容是"杨再新，男，23岁，工作：1. 参加接管招商局工作；2. 接管上海机械学校。理由：1. 交通大学行业管理系二年；2. 招商局轮船驾驶1个月；3. 熟悉航业管理、航务业务、航业会计；4. 驾驶原理已全部（熟）悉；5. 有许多同学在招商局船务处工作。个人意见：想接管上海机械学校，因在此校有数位教员关系并熟悉该校。"

从这份材料的内容分析看，这应该是杨再新的一份"申请工作的自荐材料"，在申请的两份工作意向中，"参加接管招商局工作"后被打了勾，而"接管上海机械学校"这一项被划掉。由此看来，或许是经过杨再新本人深思熟虑，或者是经过组织的讨论研究，最终，杨再新从华中大学第四部学习结束后回到上海，参加了上海军管会接管招商局的工作。当时杨再新23岁，时间正是1950年。

杨再新协助董华民前往香港，领导起义船员护产斗争，起义回到大陆，在海员训练班工作了一段时间，之后，被派往苏联学习。后来，随着中苏关系恶化，杨再新被打成了"苏联特务"受到迫害，等到平反的时候，很多牙齿都没有了，似乎说话的能力都减退了很多。这是纪念香港招商局起义三十五周年活动上，"鸿章"轮二副林树伟见到他，回来后告诉林仲文的。

林仲文告诉我，杨再新后来应该去了长江航务管理局。

海员训练班结业典礼

交通部和海员总工会决定在南京创办海员训练班后，招商局起义船员分两批参加了第一、第二期的学习，第一批245名，从广州出发在上海招商局总公司集合后，先期抵达南京海员训练班，1月初，全国各地航运企业的工会干部陆续抵达。1月22日，海员训练班第一期在大仁中学（现南京第三十中学）礼堂，举行了隆重的开学典礼。中央人民政府交通部章伯钧部长，李运昌、季方副部长发来亲笔贺信。南京市人民政府、中共南京市委二区委、中央人民政府交通部干部学校南京分校也分别发来信件和赠送锦旗表示祝贺。中国海员工会主席刘达潮、中央人民政府交通部人事司司长杨安平、南京市委组织部部长刘志健、华东区海员工会主席王阿林、上海轮船业同业公会副主任钟山道亲临祝贺。中国海员工会组织部陈耕国部长宣布海员训练班干部名单。"班主任——董华民，人事科长——曹锻，副科长——吴滨，教育科长——曲辰，总务科长——蒋恩乾。"开学典礼结束前，全体学员和工作人员及嘉宾共600多人在海员训练班校园里拍了一张集体合影。

开学典礼之后的2月22日，在海员训练班开学典礼记录里，详细地记录了开学典礼的整个过程。据在广州采访到的海员训练班第一期工会干部班学员吴昌世老人回忆：招商局起义船员245人，被编入第一、二、三、四队，四队主要是服务生、厨工等勤杂人员约有100人。工会干部按每队12个学习小组，每组约12人，大概280人，被编入第五、六队。原计划是五队，后来由于学员增多，增加到六队，吴昌世老人当时跑北方，12月底回到上海后就接到公司通知，前往海员训练班学习，吴昌世老人记得很清楚他是1月9日到达海员训练班，被编在了第六队，参加了海员训练班的学习。当时的工会干部班学员穿着中山装棉衣，起义船员穿的是双排扣的短棉大衣。所有学员衣服的左胸前都贴着姓名、队和学习小组的标记。

海员训练班设主任一人，副主任二人，负责领导训练班教育行政工作。班部为训练班的领导机关，由人事科、教育科、总务科三部门组成。各科设正副科长二人，助理员多名，分别负责人事审查、注册统计、组织工作，教育计划执行与实施，供给、卫生、修建、交通等财政事务。班部下设五个队（笔者注：后增加到六队），每队设队长、指导员各一人，队长、指导员在工作上受班部领导。队下设学习小组，每个小组设有组长，负责组织每个小组的学习。

为发挥组织作用，发扬民主贯彻集体领导，提高工作效率，海员训练班实行班务会议制度，班务会议是最高行政会议，凡是教育行政工作计划总结、制定原则方案等重要问题，必须在班务会议上进行讨论、决定和实施。班务会议由主任召集各科正副科长及班工会代表、团支书参加，必要时召开扩大会议，吸收各队指导员或队长及有关负责干部等参加。

每学期，各科每半个月、各队每学习中心阶段定期向班部作书面汇报一次，临时发生问题时，及时做书面或口头的报告，并提出解决办法，每学习中心阶段结束时，班部须做全面总结报送中央人民政府交通部、全国海员总工会、中共南京市委员会。

海员训练班开班后，海员总工会多名领导参与了授课，其中海员总工会丘金副主席讲授"工会的性质与任务"、生产部长李大林讲授"生产竞赛"、组织部长陈耕国讲授"工会基层组织工作"。海员训练班以政治教育为主结合生活锻炼教育，提高阶级觉悟，改造旧作风建立新作风，树立主人翁思想，并以一定时节进行工会工作及业务文化学习，制定了详细的教学方案，主要学习内容为理论教育、业务教育和临时教育，理论教育的内容主要是以社会发展史与中国革命基本问题为教材，业务教育的内容主要根据中国目前工人运动的主要任务结合中外工人运动经验，学习工会业务。临时教育的内容是穿插在每个阶段之中进行的。在海员训练班第一期的《中国革命基本问题授课提纲（草案）》中，记录了开班之后，2月12日至5月18日整个临时教育的内容，其中，2月、3月，有朝鲜战局与国际局势和志愿军代表柴川若的报告，4月7日，海员总工会副主席丘金，随工会代表团出席1950年在苏联莫斯科举行的"五一"节庆典活动的出国观感报告，以及5月海员总工会组织部长陈耕国传达中华全国总工会主席刘宁一出席第二届全缅劳工代表大会及亚洲暨远东经济委员会及工业与贸易委员会会议期间，出访东南亚的观感和"永灏"轮起义回国后，起义船员代表汇报在港护船斗争经过及控诉英帝强盗行径的报告。据采访吴昌世老人回忆当时的情景：报告安排在了5月18日的下午进行的，"永灏"轮船员代表有10多名，船长左文渊来到海员训练班，在台上做了报告，之后，左文渊去了北京的交通部。

　　3月18日，蔡良的孙女蔡衡给我发来了扫描的第二批照片，在这第二批照片中，扫描了一页"爱国主义教育几点意见"的资料，在对这页资料初步研究，我认定这是一份对海员训练班学期结束工作和结业典礼做了较为详细记录的材料。我立马将这个消息告诉了蔡衡，蔡衡很快回复我：很不起眼的一张纸，现在看到才觉得和（海员）训练班有关。

　　到了5月底，海员训练班结束了所有培训，开始对学员进行了学习总结。在蔡良孙女给我提供

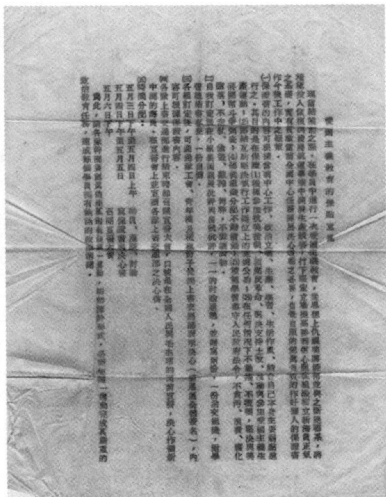

爱国主义教育几点意见

的"爱国主义教育几点意见"明确提到了"现当结业前之际，在学员中进行一次爱国主义教育"，之后，学员根据当前的中心工作、政治立场、生产、学习、生活作风，结合自己本身主要弱点写保证书，进行自我鉴定，在学习小组里做一对一的批评与自我批评，经过学习小组全体讨论通过，小组签署意见，由小组全体成员盖名章确认后，"缮写两份，一份送交组织，附学习总结书存查，一份自备。"学习小组鉴定结束后，由队组织工会、青年团及积极分子发起向交通部表决心的集体签名活动，活动结束后，举行全体学员宣誓大会，在宣誓大会上宣读各队上书交通部的决心书，宣誓的口号是：在全国人民与毛主席的面前宣誓，决心做个新中国的海员。

海员训练班对第一期学员学期结业工作提出了"认真、细致地组织，切勿流于形式"的要求，并对时间进行了具体的安排：5月3日下午至5月4日上午，进行"动员、漫谈、讨论"，5月4日下午至5月5日，由学员"写保证书与决心书"，5月6日下午召开结业典礼大会，在大会上宣誓。

至此，海员训练班顺利完成了第一期的培训任务。学员脱下旧装，改造思想，提高觉悟，学习在中国共产党领导下新中国的各项政策。从这里开始，投身到新中国航运发展的事业中，为新中国的航运事业做出了不可磨灭的贡献，在他们中间，涌现出一大批像谷源松、陈宏泽等杰出的新中国航运人才。

起义船员第二批赴宁学习名单

　　根据1979年交通部政治部和中国海员工会全国委员会《原招商局油轮公司等所属十七条船起义海员名册》统计数据，当时起义人员共730人，其中，先期起义驶往连云港和大连的"中102"艇（1949年4月15日起义）44人和"海辽"号（1949年9月19日起义）55人，之后起义的"海玄"轮（1950年1月24日起义）58人和"永灏"轮（1950年4月1日起义）10人，另外，还有香港招商分局机关起义人员35人，扣除这些起义人员人数，从香港返回广州的13条海轮起义船员共计528人。

　　这13条海轮起义船员回到广州后，分两批参加了海员训练班第一期和第二期的学习。其中，第一批赴海员训练班学习人员245人名单，我在招商局博物馆已经找到，第二批学习名单还未找到。如果第二批赴海员训练班学习人员也按照245人计算，那么，可以说，这两批人员基本涵盖了13条海轮所有起义船员。

　　据我与"中106"艇大副蒋季善另一个儿子蒋苏交谈了解，当时，第二批起义人员是直接从广州坐火车前往南京的，而他父亲蒋季善担任这第二批的领队。那么这第二批船员人数有多少？领队有几个？他们怎么集合及怎样抵达南京的？可惜由于蒋苏哥哥蒋宁多次以蒋季善年老多病拒绝了我对蒋季善的访谈，如今，老人已经仙逝，这第二批赴海员训练班学习的具体情况已无从了解。而这两批起义船员共500人左右，参加了海员训练班学习后，投身到新中国航运事业中，为新中国航运事业的发展起到了不可估量的推动作用。因此，这第二批名单应该是极具价值的历史资料，找到这份名单，无论是对招商局起义、新中国航运业发展，还是学校校史的研究，都是极其重要的。

这第二批来海员训练班学习的人员名单在哪里？招商局博物馆应该是查找重点。首先，第一批名单是在招商局博物馆发现的；其次，起义船员回到广州后，归属招商局广州分公司管理，1951年2月1日，上海招商局总公司改组为中国人民轮船总公司，而招商局广州分公司也随之改组撤销；第三，二十世纪九十年代初，交通部曾发文将散落各地的招商局档案汇集到深圳蛇口的招商局博物馆。于是，我求助招商局博物馆的朱女士，请她帮忙查找这第二批起义船员赴南京海员训练班学习的名单。我向朱女士提供了第二批名单应该是在1951年的7月海员训练班第二期开班之前和管理起义船员的招商局广州分公司后来改组为人民轮船公司两条线索。朱女士帮我查了一下后，告诉我，没有找到第二批名单的材料。

在招商局博物馆初步搜索未有发现后，为了不有所遗漏，我决定利用去广州查找谷源松等学员在海员训练班结业后被派往当时的华南区海运管理局的29人名单的机会，先在中远海运（广州）有限公司查找一遍，若无收获，再转道深圳，亲往招商局博物馆仔细查找。

3月15日，我前往广州即去拜访卓东明老先生，卓老是1950年随上海招商局总公司副总军代表邓寅冬（当他的秘书及粤语翻译），当年11月上起义船"永灏"轮任联络员。接收日本"黑潮丸"油轮（后改"永灏"轮），15 000吨在当时是大型的轮船，1950年4月1日，在香港黄埔船厂修理的"永灏"轮船员宣布起义。1951年4月12日，港英当局以英国政府"征用"为名，强行占用"永灏"轮。据卓老回忆，"永灏"轮起义共有9名船员（笔者注：1979年《原招商局油轮公司等所属十七条船起义海员名册》统计是10人），被港英当局驱离香港进入内地，在深圳受到热烈欢迎，"永灏"轮起义船员在上海做了几场报告，做完报告后，除了船长左文渊和大副周延瑾直接去了北京交通部，其他船员还有上海的一批船员，一共20多名，由卓老带队前往南京，参加了海员训练班第二期的学习。当我问到在广州的起义船员第二批赴南京海员训练班学习的事情，卓老想了想说不清楚，但他告诉我，他带队20多人去海员训练班时，曾看到"中106"艇大副蒋季善。

第二天，我即前往中远海运（广州）有限公司查阅档案，我调出了文书档案总目录，仔细查阅了1949年—1955年文件标题，没有发现我所需要的资料，采用姓名、内容等多个关键词进行模糊搜索，依然未果。中远海运（广州）有限公司前身是招商轮船公司广州分公司，之后，经历了人民轮船公司、华南区海运管理局、广州海运局等历史沿革。20世纪90年代初，招商局博物馆在深圳开馆的时候，交通部曾下文将所有招商局的档案集中到了深圳，而这第二批起义船员赴南京海运训练班学习名单，属于招商局档案，应该也是在集中之列。

在中远海运（广州）有限公司没有找到，我又前往中远海运特种运输有限公司试着查找，在公司党工部王部长的协助下，我找到公司档案中心的徐经理，徐经理告诉我，公司前身是1958年成立的交通部远洋运输局广州办事处，后来，在1961年4月27日，改称广州远洋运输有限公司，第二天，开启了"光华"轮的首航。由于成立在华南区海运管理局之后，所以，公司是不会有这份名单的。

在两家公司没有找到第二批起义船员赴南京海员训练班学习名单后，我即转向寻找目前健在的起义船员或去世的起义船员的家人，向他们打听第二批起义船员赴南京海员训练班学习的相关情况。卓老给了我一份他所认识的、多达70人的海员训练班第一期至第四期学员名单，详细标明了这些学员结业后的工作去向。在这份名单中，他向我推荐了在海员训练班第四期学习过，曾在香港招商局起义船"鸿章"轮上任联络员的徐择言。徐择言已经去世，他的儿子徐震中对起义及海员训练班之事有所认识和了解，并且，卓老向我提供了徐震中的电话。旋即，我便与徐震中取得了联系。

电话里，徐震中告诉我，他父亲也曾带了一批船员前往南京海员训练班学习。我问他，是否是第二批？他回答我不清楚。我知道，他父亲参加的是海员训练班第四期的学习，便把海员训练班第四期开学典礼的大合影发给了他，请他辨认他父亲的位置。

在广州没有查找到起义船员赴宁学习名单，我即决定前往深圳。临行前，我陪同学校宣传部长拜访了谷源松孙子谷宏庆一家，与在广州出差的海员建设工会海员工作部的王部长会面，对海员训练班相关工作进行了交流。在谷宏庆家，我们见到了谷源松儿媳陈草，陈草向我们讲述了谷源松船长过去很多的往事，陈草很豁达，她认为应该把像谷源松这样的起义船员的事迹向社会宣传，陈草与我们一番交谈后，决定将他们珍藏的英雄船长谷源松的遗物捐赠给我们。

结束了在广州的工作，第二天，我即前往深圳招商局博物馆。在招商局博物馆，工作人员朱女士给我提供了所有解放初期馆藏文件的总目录，在对目录中所有文件进行逐条仔细查找后，没有发现这份起义船员第二批赴宁学习名单，最终，我不得不放弃了招商局档案馆的查找工作。

原招商局船员起义三十五周年纪念会代表留影

　　岁月的流逝已过70年，那一份名单依然封存在档案里。那不是一个简单的文字与数字的排列组合，两百多个生命，每一个都承载了历史，每一个名字都有一段鲜活的故事。就像空气中一粒呼吸的水滴，既模糊又清晰，仿佛就浮在不远的地方，与我若即若离，窥视着我的存在。冥冥之中，我似乎能触摸到他们的身影，聆听到他们的召唤。我也确信，会有那么一天，他们会融入一个民族的血液里，昭示天下。

　　迈出招商局博物馆的大门，仿佛从历史的彷徉中返回现实，虽然，我的寻访之路终有止境，但是，对他们内在精神的研究之旅，才刚刚开始……

一枚氧化的海员训练班纪念章

2021年7月1日，在"百年征程 初心永恒——中国共产党在江苏历史展（1921—2021）"的史料展柜里，摆放着一枚海员训练班（一届）学习纪念章——斑驳的表面，氧化的字迹，经历岁月的沧桑和侵蚀，它静静地展现在世人的面前，无声地诉说着一段尘封已久的历史。这枚"海员训练班学习纪念章"被"鸿章"轮起义船长蔡良珍藏了70年，由他的家人无偿捐赠给了学校。它承载着太多记忆，小小的纪念章虽然毫不起眼，但却揭开了新中国航运事业一段波澜壮阔的历史画卷。

海员训练班第一届学习纪念徽章

新中国刚刚成立，百废待兴，航运业遭到了严重破坏。中央人民政府交通部和中国海员总工会决定在南京创办第一所船员培养学校——海员训练班。1950年底，派驻招商局军代表曹锻等人来南京选址，最终选定南京市白下路槲斗巷新19号，正在建设还未完工的原国民政府立法院宿舍作为海员训练班的校址。

此时，中国共产党领导的香港招商局13艘海轮起义船员已经顺利返回了广州。为了学习新中国的各项政策，提高思想觉悟，中央人民政府交通部决定组织起义船员前往海员训练班学习。首批起义船员共245名，他们从广州出发，乘3天时间的火车抵达上海原招商局总公司集合，之后，从招商局金利源码头出发，第一批人员140人由"鸿章"轮起义船长蔡良领队，第二批人员105人由"海厦"轮起义船长王俊山领队，起义学员分两批乘坐江轮前往南京的海员训练班。领导香港招商局起义护产斗争的军代表董华民奉调担任海员训练班首任班主任。

1951年1月22日，海员训练班举行了首届开班典礼。曾领导香港海员大罢工、担任海员工会筹备委员会主任的刘达潮、中央人民政府交通部人事司司长杨安平亲临祝贺，中央人民政府交通部章伯钧部长，李运昌、季方副部长发来亲笔贺信。章伯钧部长在信中赞扬了"中国海员在反帝反封建的斗争中，是有着光荣的历史的。"他勉励同学们"继承过去的光荣传统，努力学习，提高阶级觉悟，提高政治水平，并革除旧社会所给予的不良影响，以主人翁的姿态，献身新中国的航运事业，成为创业的先锋。"南京市人民政府、中共南京市委二区委、中央人民政府交通部干部学校南京分校分别发来信件并赠送锦旗表示祝贺。

海员训练班聘请海员总工会多名领导授课，其中海员总工会丘金副主任讲授"工会的性质与任务"、生产部长李大林讲授"生产竞赛"、组织部长陈耕国讲授"工会基层组织工作"。开班初期，由于缺乏教材，海员训练班便求助中华全国总工会干部学校，中华全国总工会干部学校提供了工人出版社出版的《苏联工会实际工作教程》《苏联职工运动史教程》《国际工会运动史教程》以及各时期报纸上关于工会工作的材料。

海员训练班的教学以政治教育为主，结合生活锻炼教育，提高阶级觉悟，改造旧作风建立新作风，树立主人翁思想，并以一定课时进行工会工作及业务文化学习，制定教学计划方案。主要学习内容分为理论教育、临时教育和业务教育。

理论教育的内容主要是以社会发展史与中国革命基本问题为教材：（1）劳动创造世界和群众路线。（2）五种生产方式——阶级斗争，工人阶级与共产党。（3）社会主义革命、新民主主义革命——无产阶级专政与无产阶级领导的人民民主专政。（4）国家与政治，重点放在新旧中国的对比。（5）新爱国主义。（6）社会的思想意识等基本问题。

业务教育的内容主要是根据中国目前工人运动的主要任务结合中外工人运动经验，了解三个中心问题：（1）了解工会的性质与任务，中国海员工会在各个时期斗争的方针任务，学习工会法、国际海员工运等。（2）了解生产竞赛，集体合同，民主管理与劳资协商会议，劳保福利等有关工会生产工作的问题。（3）熟悉工会基层组织工作，主要是选举基层工会各种委员会组织与工作条例。并包括工会干部的作风与工作方法等问题。

刘达潮、丘金及交通部十分关心训练班的工作，多次来海员训练班视察并给学员作报告，丘金曾驻校半年，亲自领导训练班的工作，制订教学计划并给学员讲课。丘金副主席的《出国观感》和陈耕国部长传达刘宁一副主席的《东南亚各国情况记录稿》作为训练班第二期国际主义教育教材。丘金编写的《解放前后的中国海员》一书，给学员以深刻的教育，是珍贵的海运历史资料。

从1951年1月至1952年11月，海员训练班开办四期，培养了2 726名船员和基层工会干部，其间，香港招商局起义船员500余人，分两批参加海员训练班第一、第二期的学习，基本涵盖了13条海轮所有起义船员。海员训练班是新中国成立后，中央人民政府交通部和海员总工会联合创办的第一所海员学校。重庆舰起义官兵、招商局起义海员以及8家民族资本航运企业北归船员，都在海员训练班留下了身影。王俊山、刘维英、谷源松、罗秉球、蔡良、杨惟诚、张文豪等耳熟能详的起义船长以及一大批起义高级船员，被誉为"东方鲁滨逊"的沈祖挺、"新中国第一位远洋船长"的陈宏泽，也都在海员训练班学员名单中。他们在海员训练班学习结业后，分配到上海、广州海运局、长江航运管理局和中波海运公司工作，为新中国航运事业的发展做出了不可磨灭的贡献。海员训练班传承了招商局起义的精神，延续着招商局起义的历史，它不仅与新中国海事职业教育同步和共振，更是开启新中国航运事业发展新篇章的发轫与开端。

专访"永灏"轮联络员卓东明

卓东明：1950年，曾作为秘书和粤语翻译，随招商局军管会副军代表邓寅冬前往广州，当年11月登上起义船，任"永灏"轮联络员。

（1）

时间：2021年3月15日
地点：卓东明广州的家

与卓东明老人查找史料

一、关于"永灏"轮船员参加海员训练班

我：你是带过"永灏"轮船员去过南京（海员训练班）？

卓：我带着"永灏"轮部分船员去的海员训练班，回来时来到深圳，深圳这边就敲锣打鼓的欢迎我们回来。分两批回来，领导到北京向各部门做报告。船长左文渊，轮机长是周延瑾，"永灏"轮起义船员有9人（笔者注：1979年名单是

10人）。后来是从别的船调过去（的船员）支援，这条船修了三天，是日本人在投降之前炸沉的，当时在国际上是比较大的油轮，有19 000吨（笔者注：实际是15 000吨），其余的船都是二三千吨。日本人很鬼，这条船从海底捞起来，就把这条船作为赔偿物资，所以，接过这条船的时候，轮机长叫周延瑾，他1947年就上了这条船，听他说机舱里面有很多日本人的尸首，到了1950年还能发现骨头，这一边挖人一边修理。后来（船）能够走了，台湾要英国政府扣船，（13条船）一条都抓不住，所以这条是（在香港起义的）第14条，后来，它也被并到招商局，油轮公司总公司在上海，宣布它交由招商局代管。原本它也准备1月15日宣布起义的，但因为有一批修理费没有汇过来，修理费还相当高，台湾油轮公司派人来看，总经理姓李，他的儿子就在"永灏"轮上做轮机员，后来做到了三管轮，他为他们说了一些好话，所以，台湾方面把修理费寄来了。只寄到4月，所以，4月9日（笔者注：起义是4月24日）宣布起义。9人还包括1名监修的工程师邵良。邵良是个资格比较老的人，他不是海员，是总管，英国留学回来的，他也参加了起义。从其他船调了人，左文渊调去当船长。在英国人抢这条船的时

"永灏"轮起义船员回到广州
（前排站立左2陈国华，右2卓东明）

候，轮机长照了几张照片，（他们当时派了）200多名水警，我拿了报务主任的相机也照了几张，都给没收了，我胶卷拿出来一筒，我的那张报纸登出来了，模模糊糊的，降旗的，不是很清楚。（拍得）比较好的照片，都被外交部拿走了，他们北京汇报的时候，船上两位。剩下的这批人，先到武汉，沿着长江到了上海，上海做完宣传工作后，回到广州，

就接到要挑选一批人学习，把陈国华弄过去了，陈国华是周延瑾的好朋友，他（周延瑾）指定他（周国华）帮助，他是"永鸿"的轮机长，上去当大管轮，他愿意，他降级都愿意。1983年，我去交通部远洋局接他的班，远洋局总工程师。

我：你接到的这批海员训练班有多少人？包括"永灏"轮的9到10个人。

卓：20多人，"永灏"轮除了周延瑾，名单上的都去了，从别的船调过的也都去了。从上海，也来了几个人。

我：我这次来是查找13条船名单，"永灏"轮是14艘。前面13条起义船员共有528人，第一批245人到海员训练班学习的，这个名单是我在招商局档案馆找到的。听说还有第二批名单，蒋季善儿子提到过，假设第二批也是245人，基本上涵盖了这528人。

卓："永灏"做完报告后，我遇到蒋季善，我认识蒋季善。第二期后，他留在学校了。

我：蒋季善是第二批的领队，都是学员。

卓：后来当副校长。他是哪条船？

我：他是"中106"艇的。

卓夫人：你不是在"民302"轮待过？你去过"民302"轮。

卓："民302"轮我是在广州登上"民302"轮的，"民302"轮是第一条回广州的船，回来后又去了香港，那时候让我当临时联络员。船长是广东人长得胖。那人其实不是起义的，他原来在招商局，中间离开过，起义的时候他又回来了，他叫朱鸿钧。我有照片，在"民302"轮上每个人都和我照了照片，从船长、轮机长、大副。

我：（我指着照片）这人是不是朱鸿钧，在香港石澳？

卓：朱鸿钧、谷源松，这是"海厦"的船长。"大胡子"，朱颂才、左文渊。我到南京没有见到他（朱鸿钧）。

我：朱颂才、朱鸿钧在海员训练班没看到他们的名字，他们到底去没去过海员训练班？

卓：去没去过，我不知道。但是朱鸿钧不是起义的。他没参加哪条船的起义，这个我也查过，每一条船都写过故事，没有提到他。什么原因我不知道，但他还是一个不错的人。

我：那么朱颂才呢？

卓：朱颂才是一直跟着起义的。

我：按道理，起义的船员都会到海员训练班学习的，他为什么没去？

卓：这个我不知道，朱颂才是个老老实实的人。

我和卓夫人：海员训练班名单里没有他。

（卓老查过学校的名录之后，没有发现，确定没有。）

二、关于"学校名录"中的方枕亚

我：我在这个名单（学校的名录）里，发现第三期有一个叫"方枕亚"的。

卓夫人：方枕亚是不是方枕流的弟弟？

卓：方枕亚没有这个弟弟。他弟弟不姓"方"。他的弟弟也是个船长，姓"林"，因为他弟弟被过继给了他的一个亲戚，所以改姓了。

我：这个方枕亚会不会是方枕流？

卓：不会。

卓夫人：方枕流会不会去这个（海员）训练班？

卓：因为那时候他已经有名气了，是第一条起义船，毛主席拍了电报的。起义后，被安排在大连工作，曾在海关工作。

三、关于陈宏泽海员训练班第一期学习

我：我在网上找到的资料，可是陈宏泽"广远"那边找不到人事档案，陈宏泽从广州到"光华"轮首航，这十年是个空白。起义之前，之后到友联船厂，都有记录，"广远"那边也查过了。广远也在找他的档案。现

在，我再核实几个事情，陈宏泽回来
后参加了第一期海员训练班学习，第
一，我在第一批名单中，陈宏泽在名
单中，然后，在学校档案室找到第一
期（开学典礼）的大照片，也找到了
"疑似"陈宏泽，如果照片中的人
是陈宏泽，那么陈宏泽起义回来到
1951年7月，他应该在海员训练班，

陈宏泽履历在海员训练班学习记录

毕业后，分到当时的华南区海运局。我这次来找谷源松1951年9月派往
华南区海运局的29人名单，陈宏泽有可能在这份名单中。我在广远找到
1954年陈宏泽在"南海169"轮当船长。陈宏泽起义时是代大副，海员训
练班1951年毕业，我们假设他被分到华南区海运局。

卓：我还有另外的假设，"海厦"轮一回来后就留给了上海，这条船是可以
　　装客的，100多个客位，上海海运局比广州海运局需要。这条船回来第二
　　年，就被调到上海去了，老的船员要守到最后一批，后来，另外组织了
　　一批船员去的，海运局派了一个从海军的舰长当船长，船到上海改成了
　　"利生"，大副叫"胡标"。船长已经回到了上海，留了个大胡子（王
　　俊山）。

我：　"海厦"轮船长王俊山在第一期海员训练班学习名单里面。

卓：我问过张俊年说没见到。

我：　（我指着学校的名单）不能以这个名单为准，可以做参考，这里面有很
　　多错误，蒋季善不在第一期。

卓：我和他（陈宏泽）一直还有接触，回来以后，大家都没事，珠江停了13
　　条船，除了"民302"还跑了一次，后来，工会、党委提了搞个运动会，
　　我组织过一次运动会，那时候我调到搞宣传，就在广州沙面，1950年
　　底，在南京海员训练班之前。那次运动会，陈宏泽是个大明星了，他每
　　一项运动都参加了，篮球、排球、足球、游泳，他都是前几名。还有个

叫什么"文臣"。

我：……夏文丞。

卓：对，夏文丞也是个活跃分子，我和夏文丞睡一个房间，还有陈宏泽。之后，就没机会搞这么个大型的活动了。"海厦"北上，在春节之间。

我：第一批赴宁学习的是1950年12月23日（去上海报到），海员训练班开班是1951年1月22日。

卓：那些条船都隐蔽好了，分散在广州，船上拉着渔网，挂上树叶。我还去看过，我给他们送文件，一送送了两天，坐划艇送的。这段时间，陈宏泽忙着移交"海厦"，可能没去（海员训练班）。

四、关于陈宏泽的远洋运输局广州办事处

我：我在广海看到一个文件（"海厦"轮的买卖契约），有一个远东船务贸易公司，这里面有个叫"石宋"。

卓：宋石！"运通公司"！我很熟，宋石后来和我在一个单位，他到广远当副经理，后来他受了处分回来了。他在波兰当总领事，他讲话代表党中央，外面报纸登了，外交部把他调了回来，没有大使代表中央的，他也不是大使，他是总领事。回来把他交给交通部。运通公司是华夏公司的，专门跑烟台的，运送物资。华夏公司是华润组织的，朱德领导过的。

我：这三条船（海康、海汉、海厦）买卖和中波公司有没有关系？

卓：没有卖给中波公司。

我：我现在的资料已经证明陈宏泽是海员训练班第一期的。1954年，他当了"南海169"船长，谷源松是"163"船长。陈宏泽什么时间到了当时的（远洋运输局）广州办事处？

卓：1960年。

卓夫人：1958年的办事处。

卓：办事处一成立我就去了，他没有去。1958年调了一批船员，没有船长。成立远洋办事处是1958年8月，交通部党组发给广东省委的两份文件都找到了，给办事处的职责里面，第一个就是调研，开辟新航线，其中一条全面领导香港招商局。陈宏泽也去过。（笔者注：在中远海运（广州）有限公司找到中共华南区组织部商调陈宏泽的函是1958年3月29日）

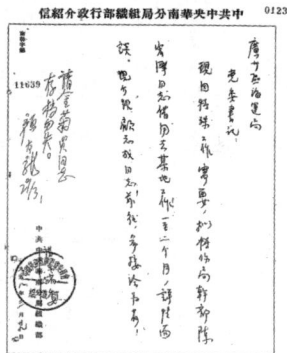

中共中央华南分局调陈宏泽广州远洋运输公司工作函

卓夫人：1961年4月27日，中国远洋运输公司广州分公司成立。

我：那我们可以梳理一下陈宏泽的时间线，1951年陈宏泽海员训练班过后，1958年他也可能在远洋运输局广州办事处。

卓：也有可能在海运局。

我：1961年成立了广州分公司。

卓：他1960年6月来的我们讨论过几次，海员起义的时候我推荐的陈宏泽，因为他最能干、表现最好，也很年轻。

五、关于陈宏泽"地下党"身份

我：他们有人说陈宏泽是地下党？

卓夫人：陈宏泽是不是地下党员？

卓：他不是地下党员。他入党的时候我知道。

我：什么时间？大概的时间……反正不是起义的时候。

卓：我们这批是在1953年，他晚一点点，大概是1954年。因为他在"南海169"表现非常突出。

（2）

时间：2021年3月16日
地点：中远海运特种运输股份有限公司党工部

一、关于陈宏泽的人事档案

党工部柳女士：之前我们档案中心有没有讲过，他们之前的档案都移交给到
　　　　　　　了地方的档案馆？你应该去广东省档案馆找一下，广远之前
　　　　　　　的档案都全部移交给了广东省档案馆了。

我：我上次（公司查档）就找不到。

党工部柳女士：卓总，陈宏泽是有两个儿子是吧？有一个在蛇口。

卓：是有两个儿子，小儿子在蛇口。

党工部柳女士：哪个儿子可能会知道这些事情？

卓：他们都不知道。

党工部柳女士：两个小孩都说不知道，是吧？

我：陈宏泽儿子说是可以作为参考依据，但是不能作为主要依据，当事人回
　　忆过去，70年的记忆都会偏差的。

党工部柳女士：那你主要是要找档案？

我：能找档案是最好的，如果找不到档案，有文字文件记载的、以文字为主
　　的文件也可以，如果都没有那么只有找到当事的亲历者、见证者。

二、关于陈宏泽去没去海员训练班

卓：我说一件事，"海厦"轮到上海移交，（起义回来后）船员都回家了，
　　1951年春节，"海厦"轮经过台湾海峡，当时"海厦"轮船长是李光，
　　海运局的调度室主任。

我：陈宏泽在船上吗？

卓：没在船上，交接的时候布置的时候安排他参加。

党工部王雷部长：当时陈宏泽在船上吗？

卓：不在，他在做移交。

我：移交的时候船长王俊山在不在？

卓：不在，他先回去上海了。处理完爆炸案件后，他回了上海。

党工部王雷部长：你都认为1951年上半年陈宏泽在广州是吗？

卓：（1950年）12月之前开的运动会，他（陈宏泽）拿了好多冠军。

我：是这样的，他是这批船员，1950年12月23日到上海报到，从广州到上海招商局总公司。10月起义回来到12月，有1~2个月由招商局广州分公司代管，董华民是上海总公司驻穗军代表。（第一批）在上海集中，从上海坐船（去南京海员训练班）。

卓：这个事很巧，但这个也会错处，漏了一些人，那么陈宏泽会不会是漏了的人？

　　（这时，党工部送来了沈祖挺的档案，大家开始翻阅档案和看档案里的"中正章"，29分钟，交谈结束）

（3）

时间：2021年3月18日
地点：卓东明家楼下，出门办事前。

一、关于陈宏泽革命时间

卓：他（陈宏泽）参加过民主政权。

我：在哪里参加的？

卓：中山。

我：是哪一年？

卓：1945年抗日刚刚胜利的时候。毕业了，他没有……（注：声音低，听不清），参加了就好办了，后来又脱离了，上学了，退休的时候就没算，他很伤心。我说当时要离开的时候，组织上要登记，那就可以把你以后的事情……（笔者注：声音听不清）。起义呢，他级别也不够，如果是船长呢，可以享受。

我：嗯，那就不可能是1945年入党。

卓：他退休还一直想到这些。

我：他当时参加民主政权是从哪边资料看到？

卓：一点资料没有。

二、关于陈宏泽去友联船厂

我：他为什么到友联去？

卓：（"文革"期间）他在船上得了肺结核，积劳成疾，吃不好饭，睡不好觉。船上一个事务长，姓梁，也不敢给他做营养品，只能将鸡头鸡脚砍下来给他熬汤喝，生病了（陈宏泽）也没休假，并且要去劳动，还要调他上海去。

我：那他为什么跑你那干呢？

卓：那时候，我刚刚从"五·七"干校回来，那时候我是服务组副组长，有点权力，他来待了半年时间。

我：就在你那倒茶倒水，不给他上船？

卓：这么有名的人，让他打扫卫生，实在是委屈他了，但是是他自己愿意的。

后　　记

　　江苏海事职业技术学院的前身是1951年创办的海员训练班和1956年成立的南京河运工人技术学校。成立近七十年，一直没有一部系统介绍学校历史的书籍，2021年，恰逢学校七十周年校庆，学校计划编撰一部完整的校史。

　　2019年10月，我接受撰写校史的工作，即开始着手查阅档案，收集整理相关资料。在这个过程中，我发现学校前身海员训练班学员中，有大量招商局起义船员的身影，后来，我在前往深圳招商局博物馆外调查档时，发现了招商局11条轮船起义船员首批赴海员训练班学习名单，其中，赫然出现"海厦"轮船长王俊山、"邓铿"轮船长刘维英、"民302"轮船长谷源松、"教仁"轮船长罗秉球、"鸿章"轮船长蔡良的名字，此外，还有被誉为"新中国第一位远洋船长"的陈宏泽、海洋作家陆俊超等一大批起义高级船员。随着资料收集不断丰富和研究的深入，"林森"轮船长杨惟诚、"成功"轮老船长张文豪以及被誉为"中国鲁滨逊"的沈祖挺、"海运功臣"陈国华也在海员训练班学习过。由此，我萌生了寻访这些起义学员及其后人的想法，并有计划地对散落在民间的历史资料进行抢救性的挖掘、收集、整理和研究，立足于"追踪历史迷雾，还原事实真相"并将寻访过程及资料研究记录下来，辑录成册。后来，我又找到了除"海玄"轮之外的"海辽"号、"中102"艇、"永灏"轮起义船员在海员训练班学习的史实，基本涵盖了招商局及油轮公司所有起义轮船。

七十年前，在海上航行的招商局船舶和在港英政府管治下的香港招商局面临历史抉择，起义船员们高举义旗，经历艰难曲折、流血牺牲，义无反顾地投向新中国的怀抱。招商局起义回归新中国的轮船共计33 700载重吨，成为新中国一支相当重要的水上运输力量。起义归来的700多名招商局船员，构成了新中国初期航运业的中坚力量，为发展新中国的航运事业做出了不朽的贡献。

因此，中央人民政府交通部和海员总工会在南京创办的第一所海员训练班，是新中国初期重要的船员教育力量，它不仅是招商局起义的历史传承与延续，更是新中国航运业发展的发轫与开端，特别是第一艘悬挂五星红旗的远洋船"光华"轮船长陈宏泽，更是开启了新中国远洋事业的崭新篇章。

这本书能顺利完成并付梓出版，得益于学校各级领导和各地校友的鼓励和支持，得益于相关企事业单位人士的热心和协助，得益于起义船员及后人的无私和奉献。如果可以罗列，这将是一长串名字。此外，中国海员建设工会全国委员会、中央档案馆、交通运输部档案馆、招商局博物馆、中远海运（广州）有限公司、中远海运特种运输有限公司、中远海运（上海）有限公司、上海长江轮船公司、中波轮船股份公司、上海船舶运输科学研究所、天津港集团、长江航务管理局、民生实业集团公司为本书的历史图片和资料提供了大力支持。特别是原江苏省作家协会书记处书记、江苏省文艺评论家协会主席、矛盾文学奖、鲁迅文学奖终评委汪政老师，江苏省作家协会副主席、鲁迅文学奖获得者、《扬子江诗刊》主编胡弦欣然接受邀请为本书题写书名和撰写序言。可以说，这本书是大家付出心血共同努力完成的。

籍此机会，向他们表示深深的感谢和敬意。

著　者
2021年6月